Christian Bahr

Geteilte Stadt

Die Berliner Mauer

Fotos und Fakten

Zeitzeugen berichten

Spurensuche heute

Jaron Verlag

Rosi,
ich denk' an
Dich!

GRUSSWORT

von Klaus Wowereit, Regierender Bürgermeister von Berlin

Nur noch wenig erinnert im Bild dieser Stadt an ein Bauwerk, das Menschen in aller Welt immer mit dem Namen Berlins verbinden. Wer heute durch die deutsche Hauptstadt geht, kann sich kaum vorstellen, wie eine Mauer diese lebendige Metropole in zwei Hälften zerschnitt, wie sie über 28 Jahre – von ihrem Bau am 13. August 1961 bis zu ihrem Fall am 9. November 1989 – eine Stadt in zwei Welten teilte.

Der 13. August 1961 ließ eine für Berlin ohnehin schon schwierige Lage endgültig als aussichtslos erscheinen. Der westliche Teil wurde von Grenztruppen der DDR hermetisch abgeriegelt. Engste Verwandte, Freunde, Bekannte konnten sich plötzlich nur noch aus der Ferne zuwinken. Begegnungen waren nicht mehr möglich. Die Mauer zerriss über Nacht Familien und Freundschaften, machte Hoffnungen zunichte und zerstörte Lebensplanungen.

Der Tag des Mauerbaus markiert den Beginn eines brutalen Grenzregimes. Weit über hundert Menschen verloren ihr Leben bei dem verzweifelten Versuch, diesen Wall zu überwinden. Die Mauer hat Tote und Verletzte gefordert, weil es während all der Jahre immer wieder Menschen gab, die auf die abenteuerlichste Weise den Weg in die Freiheit suchten, ihren Mut oft mit dem Leben bezahlten.

Nur langsam kehrte nach dem Schock des Mauerbaus die geteilte Stadt zur Tagesordnung zurück. In einer Politik der kleinen Schritte gelang es nach und nach, die Mauer zumindest ein Stück weit durchlässig zu machen. Doch auch wenn sich Menschen aus ganz Berlin in der östlichen Hälfte wiedersehen konnten, änderte dies nichts an den tragischen Folgen der Teilung.

Erst die weltpolitischen Entwicklungen der achtziger Jahre schufen die Voraussetzungen, die Teilung Europas und damit auch die Spaltung der Stadt zu überwinden. Stück für Stück hob sich der Eiserne Vorhang, zunächst in Polen und Ungarn, wo ähnlich wie in der DDR Bürgerrechtler sich in einer friedlichen Revolution das Recht auf politische Teilhabe erstritten. Der Fall der Mauer am 9. November 1989 markiert einen der Höhepunkte dieses weltpolitischen Prozesses. Über Nacht verschwand mit der Mauer eines der düsteren Symbole des Kalten Krieges.

Heute sind in Berlin die Folgen der Teilung noch immer nicht ganz überwunden. Viel ist in den vergangenen Jahren erreicht worden, einiges bleibt immer noch zu tun. Die Reste der einstigen Mauer erinnern für immer an die unglückliche Zeit der Teilung und ihre Opfer. Sie mahnen auch die Heutigen, die Vergangenheit nicht zu vergessen und ihre Folgen zu überwinden.

EINLEITUNG

Ein ungewöhnlicher Bahnhof in einer ungewöhnlichen Stadt: Der Bahnhof Friedrichstraße als streng bewachter Grenzübergang (1982)

Bahnhof Friedrichstraße. »Alle Aussteigen, der Zug endet hier!« Ein Bahnhof in Berlin, Endstation für Züge aus zwei Himmelsrichtungen. Zwei Bahnhofshallen, zwei Welten, hermetisch voneinander isoliert. Menschen, die aneinander vorbeiziehen, ohne sich zu sehen. Jeder Schritt ist überwacht, beobachtet von allgegenwärtigen Polizeibeamten, getarntem Geheimdienst, verborgenen Kameras. Bahnhof Friedrichstraße – ein gespenstischer Grenzübergang.

Was heute unvorstellbar ist, war gestern Normalität in Berlin, im geteilten Berlin, als es nur noch Ost und West gab. Als zwei unvereinbare, ja verfeindete Systeme um den Sieg in der Weltgeschichte rangen. Sich durch die deutsche Stadt mitten in Europa der Graben des Misstrauens und der Konfrontation zog.

Kein Ereignis in der Geschichte Berlins ist heute noch so präsent wie die 28 Jahre währende Teilung der Stadt. Es ist präsent in den Lebensläufen der Bewohner, präsent in den Spuren, die die Mauer im Stadtbild hinterlassen hat, präsent im noch andauernden Prozess des Zusammenwachsens zweier Gesellschaften. Berlin und die Mauer sind noch immer untrennbar miteinander verbunden. Auch wenn es die Grenze seit dem 9. November 1989 nicht mehr gibt und die einst gespaltene Millionenstadt seit dem 3. Oktober 1990 wiedervereinigte deutsche Hauptstadt ist. Auch wenn der Alltag die Menschen aus Ost und West zueinander gebracht hat und die städtebaulichen Schneisen in der Stadt langsam verschwinden. Die Teilung ist weiterhin Teil der Identität Berlins.

Von den Bewohnern wird dies nicht mehr so stark wahrgenommen. Für Neuberliner und Besucher ist die Besonderheit der Stadtgeschichte jedoch noch immer spürbar.

Und schließlich ist die Suche nach den Resten einer scharf bewachten Grenzanlage inmitten einer europäischen Stadt eine Attraktion für Touristen aus aller Welt.

Der 13. August 1961 änderte schlagartig das Leben in Berlin. Plötzlich gehörten Wachtürme, Grenzsoldaten, Flucht, Tote, Trennungsschicksale und Eingesperrtsein zum Alltag der Menschen und prägten einen Zustand, der kaum noch nachvollziehbar ist – einen Zustand, der das Gewicht des Wortes »Freiheit« überdeutlich machte.

Wie kam es dazu? So unerwartet der Mauerbau auch über Nacht über die Stadt und die Bürger hereinbrach, die Errichtung der Sperranlagen hatte eine jahrelange Vorgeschichte. Ursache der Spaltung der Stadt war die politische Blockbildung in Europa nach dem Zweiten Weltkrieg. Zwei widerstreitende Gesellschaftssysteme hatten sich auf dem Kontinent verfestigt: die freiheitliche Demokratie im Westen und der zentralistische Kommunismus im Osten. Die militärische Allianz gegen das nationalsozialistische Deutschland war zerfallen. USA, Frankreich und Großbritannien auf der einen Seite und die Sowjetunion auf der anderen Seite stritten um die Vorherrschaft in der Welt. Für das von den vier Alliierten be-

Nach dem Sieg über Hitler-Deutschland war Berlin nur noch ein Trümmerfeld (1945)

siegte und besetzte Deutschland hatte der beginnende Ost-West-Konflikt handfeste Folgen. Das Land mitten in Europa wurde zur Frontlinie des Kalten Krieges. In den jeweiligen Sektoren der Alliierten wurden verschiedene politische und wirtschaftliche Systeme aufgebaut. 1949 entstanden zwei Staaten: Die Bundesrepublik Deutschland (BRD) und die Deutsche Demokratische Republik (DDR). Mitten in der DDR lag Berlin.

Ebenso wie das gesamte Land hatten die Alliierten 1945 das kriegszerstörte Berlin in vier Sektoren aufgeteilt. Die ehemalige Reichshauptstadt bekam einen besonderen Vier-Mächte-Status. Sprich: USA, Großbritannien, Frankreich und die Sowjetunion verwalteten gemeinsam und gleichberechtigt die Stadt, wobei jeder der Alliierten die Hoheit über einen Sektor beanspruchte. Bis 1948 arbeiteten die vier Stadtkommandanten der Siegermächte mehr oder weniger einträchtig zusammen. In jenem Jahr kam es jedoch erstmals zur offenen Konfrontation zwischen der UdSSR und den Westmächten. Die Währungsreform in den drei westlichen Besatzungszonen, die Einführung der westdeutschen D-Mark, nahm Moskau zum Anlass, am 24. Juni 1948 die Verbindung zwischen den Westsektoren Berlins und Westdeutschland zu unterbrechen. Es folgte eine elf Monate dauernde Blockade der Teilstadt. Der sowjetische Diktator Stalin wollte damit die Rücknahme der Währungseinführung erzwingen, sah die kommunistische Führungsmacht darin doch nicht nur eine provokante Herausforderung gegen den Aufbau des sozialistischen Systems in ihrer Besatzungszone, sondern vor allem auch den ersten Schritt zur Bildung eines eigenständigen westdeutschen Staates. Die Westalliierten entschlossen sich, ihre abgeschnittenen Sektoren in Berlin über eine Luftbrücke zu versorgen. Seitdem galten die drei Kriegssieger nicht mehr als Besatzungsmächte sondern als Beschützer West-Berlins.

Berlins Stadtregierung zerbrach 1948 in zwei Teile, in zwei Parlamente und zwei Regierungen. Die politische Spaltung der Stadt war somit besiegelt. West-Berlin, mitten in der sowjetischen Besatzungszone – später DDR – gelegen, wurde zum Zankapfel der Weltmächte, zum ewigen Ärgernis des kommunistischen Lagers.

Noch konnten die Berliner sich de facto ungehindert in der gesamten Stadt bewegen, trotz zweier Währungen und zweier Wirtschaftssysteme. Natürlich hegte der Westen Hoffnungen, dass der »Stachel im Fleisch« der DDR seine Umgebung infizieren würde. Aus diesem Grund wurde West-Berlin auch großzügig zum »Schaufenster des Westens« aufgepäppelt. Der Osten tat dasselbe und be-

Schon früh wurde die Trennung eingeleitet: Sektorengrenze an der Oberbaumbrücke (1948)

Volksaufstand in Ost-Berlin am 17. Juni 1953

vorzugte Ost-Berlin, die Hauptstadt der DDR, gegenüber den anderen Regionen des realsozialistischen Staates. Ein Wettkampf der Weltanschauungen war entbrannt, angeheizt durch propagandistische Begleitmusik, ein Wettkampf, den die junge DDR zu verlieren drohte.

Der Staat jenseits der Elbe litt unter dem Verlust seiner Bevölkerung. Mehr als 2,4 Millionen Menschen kehrten dem Kommunismus ab September 1949 bis zum Mauerbau den Rücken, da die Versorgungslage im Osten schlecht war und das westdeutsche Wirtschaftswunder lockte. Sie flüchteten aber auch, weil Bevormundung, Perspektivlosigkeit, Enteignung und politische Unterdrückung das Leben in der DDR schwer machten. Der bequemste, sicherste Weg in Richtung Bundesrepublik Deutschland war der Weg über West-Berlin. Es reichte die Fahrt mit der U-Bahn oder S-Bahn, und man befand sich innerhalb weniger Minuten im anderen Weltsystem, sozusagen im feindlichen Lager.

Der Fluchtweg West-Berlin, der Vorposten der freien Welt im faktischen Einparteienstaat DDR, die Gegenwart einer Wohlstandsinsel mitten in der problembeladenen Planwirtschaft war den Machthabern des Ostblocks mehr und mehr ein Dorn im Auge. Ende der 50er Jahre kam es deshalb zur zweiten Berlin-Krise nach der Blockade. Am 10. November 1958 stellte der sowjetische Regierungschef Nikita Chruschtschow den drei Westmächten ein Ultimatum: »Innerhalb von sechs Monaten, bis Mai 1959, sollen die Westmächte aus Berlin abziehen, soll West-Berlin in eine entmilitarisierte freie Stadt umgewandelt sein.« Hinter dieser Forderung stand das Bestreben, den Westteil unter die Ägide der DDR zu bekommen. Für den Fall, dass sich die Westmächte einer solchen Lösung widersetzten, wollte die Sowjetunion einen separaten Friedensvertrag mit der DDR schließen, der dieser »Souveränität zu Lande, zu Wasser und in der Luft« zugestand. Damit drohte abermals die Möglichkeit einer Blockade West-Berlins. Kategorisch lehnten die Westmächte das Ultimatum ab. Denn eine »freie« Stadt West-Berlin, ohne den militärischen Beistand der Alliierten, wäre den sowjetischen und deutschen Kommunisten schutzlos ausgeliefert gewesen.

Das Ultimatum verstrich ohne Folgen. Mehr als zuvor war jedoch klar, dass in Berlin der Kalte Krieg jederzeit in eine heiße Auseinandersetzung münden konnte. Als sich die Lage in der DDR nicht deutlich besserte, steuerte Berlin seinem größten Schicksalsschlag nach dem Krieg entgegen. Die SED-Führung wollte der Bewegungsfreiheit innerhalb der Frontstadt Berlin endlich ein Ende machen, das Schlupfloch West-Berlin endgültig stopfen. Ein Propagandafeldzug gegen die sogenannten »Grenzgänger«, die die unterschiedlichen Lebens- und Preisverhältnisse der zwei Stadtteile ausnutzten (rund 12 000 West-Berliner arbeiteten im Ostsektor, rund 53 000 Ost-Berliner im Westsektor), ging dem Mauerbau voraus. Außerdem bezichtigte das SED-Regime den Westen des »Menschenhandels«, der gezielten Abwerbung von DDR-Fachkräften.

Gleichzeitig stieg die Zahl der DDR-Flüchtlinge dramatisch an. 1960 waren es rund 360 000 Bürger, im ersten Halbjahr 1961 bereits 160 000, die Ostdeutschland verlassen hatten. Die Lage spitzte sich im Sommer weiter zu. Im Juli flohen rund 30 400, in den ersten zwei Augustwochen rund 47 400 Menschen von Ost nach West. Sollte der wirtschaftliche und politische Zusammenbruch verhindert werden, musste die DDR handeln.

In der Nacht zum 13. August 1961 hieß es daher am Bahnhof Friedrichstraße: »Alle aussteigen, der Zug endet hier!« Endstation für Züge aus dem Osten Richtung Westen. West-Berlin wurde mit Stacheldraht, Soldaten und Schützenpanzer abgeriegelt, schließlich die Flucht aus der DDR mit einem Schießbefehl zum tödlichen Wagnis gemacht. Weit über hundert Menschen wurden bei Fluchtversuchen getötet; mehr als 5000 Personen gelang es, die Mauer zu überwinden; rund 3200 wurden beim Fluchtversuch verhaftet und in der Regel zu mehrjährigen Haftstrafen verurteilt.

In der Propaganda verteidigte die SED-Führung den Mauerbau stets als Abwehrmaßnahme gegen den »westlichen Imperialismus«. Die Grenze sei ein »antifaschistischer Schutzwall« und kein Käfig für die eigene Bevölkerung. Staats- und Parteichef Erich Honecker, Organisator des Mauerbaus, bescheinigte noch Anfang 1989 seinem Werk eine lange Zukunft: noch in »50 und auch in 100 Jahren« werde die Mauer stehen bleiben.

Es kam anders. Das menschenverachtende Monstrum wurde von den DDR-Bürgern niedergerungen. In der Nacht vom 9. auf den 10. November 1989 erlebte Berlin sein größtes Freudenfest in der jüngsten Geschichte. Menschenmassen eroberten friedlich die Grenzübergänge. »Historische Stunden in Berlin« titeln Extrablätter. Der sozialistische Staat zerbrach, und am 3. Oktober 1990 war Deutschland wiedervereinigt.

Die Mauer macht einen Bogen um das Brandenburger Tor (1966)

Aus dem Symbol der Teilung wurde das Symbol der Einheit: Die Mauer am Brandenburger Tor am 10. November 1989

Auch dieses unverhoffte Ereignis geschah nicht unabhängig von der weltpolitischen Lage. Der Reformkurs in Moskau, den Staats- und Parteichef Michael Gorbatschow 1985 eingeleitet hatte, löste eine Welle der Bürgerproteste im Osten Europas aus. Ohne Zwang von außen geriet auch die DDR unter Druck von innen. Das Jahr 1989 wurde zum Wendepunkt in der Geschichte Deutschlands und Europas.

Forderungen nach Demokratie, Reisefreiheit und Meinungsvielfalt konnten von den Machthabern der DDR-Regierung nicht mehr unterdrückt werden. Die schlechte Wirtschafts- und Versorgungslage verstärkte den Unmut und die Frustration der Bevölkerung. Und erneut war es eine Fluchtwelle, die den sozialistischen Staat in Bedrängnis brachte. Die SED wankte. Am Ende des Jahres wurden alle noch starren, kommunistischen Regime des Warschauer Paktes durch fast ausschließlich friedliche Revolutionen abgelöst.

Der Eiserne Vorhang, der Europa, Deutschland und Berlin jahrzehntelang teilte, verschwand.

Dieses Buch schildert die Etappen vom Bau der Mauer und dem Ausbau der Grenzanlagen, über den Alltag und das Leben mit der Mauer bis zum Niedergang der Grenze. Reden von Politikern und zeitgenössische Dokumente veranschaulichen die Bedeutung und die Brisanz der Berliner Situation. Besonderheiten wie die Mauerkunst, der reißende Absatz von Mauersouvenirs und das anhaltende Interesse an der Mauer werden ebenso beschrieben.

Anhand von acht beschriebenen Touren entlang der ehemaligen »Demarkationslinie« kann sich der Leser ein eindrucksvolles Bild vom »Gang der Geschichte« in Berlin machen. Die Spaziergänge sind Aufforderung und Anleitung zur aktiven Spurensuche nach Resten der Grenzanlagen. Sie führen nicht nur an den zentralen Orten der Teilung – wie dem Reichstag, dem Potsdamer Platz, dem Checkpoint Charlie und der Bernauer Straße – vorbei, sondern geben einen Gesamteindruck vom Verlauf der Sektorengrenze.

Vor allem aber kommen Menschen zu Wort, die Mauerbau, Flucht, Vertreibung und Mauerfall persönlich erlebt haben. Menschen aus Ost und West, für die die Mauer mehr ist als ein Teil deutscher Geschichte, nämlich ein Teil ihrer Biographie.

WALTER KÜHN

Mauerbau ... Der 13. August 1961

Es ist eine laue Sommernacht in Berlin. Keine besonderen Vorkommnisse. Im Lagezentrum der West-Berliner Polizei herrscht Ruhe. Mitternacht verstreicht. Auch die erste Stunde des 13. August verläuft unauffällig. Die Stadt an der Nahtstelle zweier Machtsysteme scheint einem entspannten Sonntag entgegenzuträumen. Wären da nicht plötzlich diese seltsamen Ereignisse im S-Bahnverkehr.

Um 1.54 Uhr teilt das Polizeirevier Spandau dem Lagezentrum mit, dass der S-Bahnzug aus Richtung Staaken in Richtung Berlin auf »sowjetzonales Gebiet zurückgeführt wurde. Die Fahrgäste mussten aussteigen und erhielten ihr Fahrgeld zurück.« Kurz darauf meldet der Bezirk Wedding die Einstellung des S-Bahnverkehrs am Bahnhof Gesundbrunnen. Die S-Bahn, deren Streckennetz sich über ganz Berlin erstreckt, gehört zum Verwaltungsbereich der DDR. So hatten es die vier Siegermächte nach dem Krieg beschlossen. Was mit der S-Bahn geschieht, ist nicht Sache der West-Berliner Behörden. Trotzdem ist man in der Stadt der Blockade sensibel, wenn an den Schnittstellen der Sektoren Unregelmäßigkeiten registriert werden. Doch es kommt noch schlimmer. Die Meldungen, die zwanzig Minuten nach 2 Uhr eintreffen, klingen allesamt bedrohlich: »15 Militärlastwagen mit Vopos an der Oberbaumbrücke«, »Panzerspähwagen an der Sonnenallee«, »Am Brandenburger Tor hunderte Vopos und Grenzer mit Maschinenpistolen«.

Aufmarsch an den Übergängen nach Ost-Berlin! Steht der Einmarsch kommunistischer Truppen nach West-Berlin bevor?

Die Inselstadt ist quasi führungslos. Der Regierende Bürgermeister ist wegen der bevorstehenden Bundestagswahl auf Wahlkampfreise durch Westdeutschland. Das Lagezentrum schlägt Alarm. Sämtliche 13 000 West-Berliner Polizisten werden aus dem Schlaf geholt. Verzweifelt versuchen die Verantwortlichen eine Verbindung zum Regierenden Bürgermeister zu bekommen, der ausgerechnet jetzt in einem nicht erreichbaren Nachtzug unterwegs ist.

Währenddessen beobachten Polizisten fassungslos, wie unzählige Uniformierte aus Ost-Berlin an der Demarkationslinie zwischen den Ost- und West-Bezirken aufmarschieren. Bewaffnet. Stacheldraht auf den Straßen entrollen, Straßenpflaster aufreißen, Barrieren aufbauen.

Das Unglaubliche erreicht die Presse. »Brandenburger Tor geschlossen«, meldet um 3.37 Uhr Associated Press. Um 3.53 Uhr bestätigt die Deutsche Presseagentur: »Vopo spannt Stacheldraht.« Die Sommernacht in Berlin wird zum Alptraum. Noch aber ahnen die Bewohner nichts von ihrem Schicksal. Sie schlafen.

Um zehn nach 1 Uhr hatte der Ost-Berliner Rundfunk seine »Melodien zur Nacht« für eine krude Sondermeldung unterbrochen: »Die Regierungen der Warschauer Vertragsstaaten wenden sich an die Volkskammer und an die Regierung der DDR mit dem Vorschlag, an der Westberliner Grenze eine solche Ordnung einzuführen, durch die der Wühltätigkeit gegen die Länder des sozialistischen Lagers zuverlässig der Weg verlegt und rings um das ganze Gebiet Westberlins eine verlässliche Bewachung gewährleistet wird.«

Ost-Berlin ist längst von 8000 Mann starken Truppenverbänden der Nationalen Volksarmee belagert. Erich Honecker geht auf Nummer sicher. Der 49-jährige SED-Funktionär und Sekretär des Nationalen Verteidigungsrates will, dass diese überraschende Aktion ohne Störungen durch die Bevölkerung verläuft. Kampf- und Schützenpanzer rasseln durch die Ost-Berliner Hauptstraßen. Ziel: die Sektorengrenze zum Westgebiet.

Tausend Meter vor der Sektorengrenze stoppen die Panzer. Die Armee gibt den rund 10 500 Volks- und Grenzpolizisten Rückendeckung, die weiter bis zum Feindesland vorrücken und sich haargenau entlang der unsichtbaren Grenzlinie postieren. In seinem Befehlsstand im Polizeipräsidium am Alexanderplatz wertet Honecker die Meldungen aus.

Alles läuft perfekt.

Am 12. August hatte SED-Chef und DDR-Staatsratsvorsitzender Walter Ulbricht die

Walter Ulbricht *(Staatsratsvorsitzender), Pressekonferenz , 15. Juni 1961*

Antwort Ulbrichts auf die Frage der Korrespondentin der »Frankfurter Rundschau« Doherr, ob die von der DDR angestrebte Bildung einer freien Stadt West-Berlin bedeuten würde, dass die »Staatsgrenze am Brandenburger Tor errichtet« werde:

Ich verstehe Ihre Frage so, dass es in Westdeutschland Menschen gibt, die wünschen, dass wir die Bauarbeiter der Hauptstadt der DDR dazu mobilisieren, eine Mauer aufzurichten. Mir ist nicht bekannt, dass eine solche Absicht besteht. Die Bauarbeiter unserer Hauptstadt beschäftigen sich hauptsächlich mit dem Wohnungsbau, und ihre Arbeitskraft wird dafür voll eingesetzt. Niemand hat die Absicht, eine Mauer zu errichten.

Stück für Stück wurde die Mauer durch Berlin gezogen. Bauarbeiten an der Lindenstraße am 18. August 1961

Berliner im Visier der DDR-Macht am 14. August 1961 in der Bernauer Straße

entsprechenden Befehle unterzeichnet. Am Brandenburger Tor, dem stolzen Wahrzeichen einer einst selbstbewussten Stadt, spielen sich gespenstische Szenen ab. Militärfahrzeuge leuchten in die Dunkelheit. Im schwachen Leuchtkegel der Scheinwerfer verwandeln bewaffnete Männer den Vorplatz zum Gefechtsfeld. Reihen Schützenpanzer aneinander. Errichten Absperrungen aus Stacheldraht und Betonpfählen.

Der Alptraum wird 28 Jahre dauern. Noch immer ahnen die Berliner nichts. Sie schlafen.

Fast geht die Sonne auf, als der Regierende Bürgermeister Willy Brandt in seinem Nachtzug geweckt wird. Es ist 4.30 Uhr. Mit dem ersten Flugzeug von Nürnberg kehrt er in seine belagerte Stadt zurück. Mit Furcht und Wut im Bauch. Der damals 48-jährige SPD-Politiker erinnert sich später: »Wir fuhren zum Potsdamer Platz und ans Brandenburger Tor und sahen überall das gleiche Bild: Bauarbeiter, Hindernisse, Betonpfähle, Stacheldraht, Militärs der DDR.« Auf einer Länge von rund 160 Kilometern reihen sich die Absperrungen aneinander, die West-Berlin vom Ostteil und der umliegenden DDR abschneiden. Von ehemals 81 Straßenverbindungen zwischen den Ost- und Westsektoren sind nur noch 12 passierbar, der S- und U-Bahn-Verkehr zwischen den Stadthälften und ins Umland ist unterbrochen.

Ein Schlag ins Gesicht der drei Westmächte Frankreich, Großbritannien und USA. Die Hüter und Herren der West-Sektoren Berlins sind scheinbar überrumpelt worden. Der ewige Zankapfel der beiden Supermächte, der ewige Krisenherd im Kalten Krieg der Blöcke, wird er die Sowjetunion und die Vereinigten Staaten in einen Krieg stürzen? US-Präsident John F. Kennedy wird um 12.30 Uhr Ortszeit an Bord seiner Yacht an der Atlantikküste informiert. Er reagiert besonnen. »Die Absperrung Ost-Berlins ist eine für alle Welt sichtbare Niederlage des kommunistischen Systems. Das ostdeutsche Ulbricht-Regime ist für die unmenschliche Einsperrung der eigenen Landsleute vor aller Welt verantwortlich«, lässt er über die Presse verlauten. Ansonsten keine Reaktionen, keine Forderungen, keine Ultimaten. Im Kreis seiner Berater erklärt er die Zurückhaltung der westlichen Welt: »Die anderen sind in Panik geraten – nicht wir. Wir werden jetzt nichts tun, weil es keine Alternative gibt außer Krieg. Es ist vorbei, sie werden Berlin nicht überrollen.«

Auch Bundeskanzler Konrad Adenauer reagiert ungewohnt defensiv. Er protestiert zwar scharf, unterbricht aber seinen Wahlkampf nicht. Erst eine Woche später kommt er in die abgeriegelte Stadt.

Die schockierten Berliner wollen sich jedoch nicht mit dem aufgezwungenen Ausnahmezustand abfinden – weder im Westen noch im Osten. Im »Neuen Deutschland« lobt die SED-Führung zwar den scheinbaren Gehorsam der Eingesperrten: »Seit Sonntag stehen in Berlin Grenzpfähle. Die Bevölkerung der DDR schützt diese Pfähle, weil diese Pfähle der Bevölkerung der DDR den besten Schutz vor den westdeutschen Militaristen bieten.«

Doch in den Straßen, den Fabriken und an der neuen Grenze ist die Bevölkerung der DDR in Wahrheit aufmüpfiger, als es die kommunistische Propaganda unverfroren behauptet. Es gibt vereinzelte Proteste, sogar Zusammenstöße mit der Volkspolizei. In Fabrikhallen stehen plötzlich Maschinen still. Widerstand getarnt als Reparaturen. Der Überwachungsapparat des SED-Regimes hat alle Hände voll zu tun, die kritischen und mutigen Stimmen mundtot zu machen. Tausende werden wegen Protests gegen die Grenzziehung in nur zwei Augustwochen festgenommen.

Im demokratischen Westteil verschaffen die Berliner ihrer Wut freie Bahn. »Mit einer Frivolität ohne Beispiel haben Chruscht-

Konfrontation am Checkpoint Charlie: US-Panzer am 26. Oktober 1961

Willy Brandt *(Regierender Bürgermeister), 16. August 1961 vor dem Rathaus Schöneberg*

Die Sowjetunion hat ihrem Kettenhund Ulbricht ein Stück Leine gelassen. Sie hat ihm gestattet, seine Truppen einmarschieren zu lassen in den Ostsektor dieser Stadt. (...)

Ein Regime des Unrechts hat ein neues Unrecht begangen, das größer ist als alles zuvor! Die Verantwortung dafür trägt der Osten! Er trägt die volle Verantwortung für das, was sich daraus ergeben mag. Aber mit dieser Feststellung können wir uns nicht begnügen. Das Ergebnis eines schreienden Protestes kann nicht ein papierener Protest sein.

Der Protest der drei westlichen Kommandanten war gut, aber dabei allein darf es nicht bleiben! (...)

Ich wende mich in dieser Stunde ganz bewusst auch an die Landsleute, die in den Behörden und in den Organisationen des Zonenregimes tätig sind, ich wende mich besonders an diejenigen, die zum Dienst in den militärischen Formationen des Zonenregimes verpflichtet worden sind. (...)

Lasst euch nicht zu Lumpen machen! Zeigt menschliches Verhalten, wo immer es möglich ist, und vor allem, schießt vor allem nicht auf eure Landsleute!

Wir können den Mitbürgern im Sektor und den Landsleuten in der Zone in diesen Tagen nicht ihre Last abnehmen, und das ist heute das Bitterste für uns! Wir können sie ihnen nur mittragen helfen, indem wir ihnen zeigen, dass wir uns der Stunde gewachsen zeigen! Sie fragen, ob wir sie jetzt abschreiben. Darauf gibt es nur die Antwort: Nein, niemals! Sie fragen uns, ob wir sie jetzt verraten werden, und auch darauf gibt es nur die Antwort: Nein, niemals! (...)

Unser Volk tritt in eine Bewährungsprobe ein, in die eigentliche Bewährungsprobe, vor der alles, was bisher in diesen vergangenen Jahren geschehen ist, zu einem Nichts wird! Unser Volk wird jetzt von der Geschichte gewogen, und wehe uns, wenn wir durch Gleichgültigkeit, durch Bequemlichkeit, durch Trägheit oder durch moralische Schwäche diese Probe nicht bestehen! Dann nämlich werden die Kommunisten nicht am Brandenburger Tor Halt machen. Dann werden sie auch nicht an der Zonengrenze stehen bleiben und auch nicht am Rhein! (...)

Wir fürchten uns nicht. Ich habe heute dem Präsidenten der USA, John Kennedy, in einem persönlichen Brief in aller Offenheit meine und, wie ich glaube, unsere Meinung gesagt. Berlin erwartet mehr als Worte, Berlin erwartet politische Aktionen. Wir rufen die Völker der Welt, wir rufen ihre Repräsentanten auf, hierher nach Berlin zu sehen, wo die blutende Wunde eines Volkes verkrustet werden soll durch Stacheldraht und genagelte Stiefel. Hier ist die Wirklichkeit und die akute Brutalität eines Systems zu sehen, das den Menschen das Paradies auf Erden versprochen hat und das die Flucht der Menschen aus jenem Paradies erstickt in einem Massenaufgebot von Truppen.

Die Moral der Welt wird so viel wert sein, wie die Moral in Berlin wert ist. Das Selbstbestimmungsrecht wird nirgendwo auf der Welt ungefährdet sein, solange das Selbstbestimmungsrecht diesem unserem Volk verweigert wird. Wir werden nicht müde werden, dieses Recht auch für uns zu verlangen und für es zu kämpfen, bis wir es erreicht haben. Dieser Kampf ist sehr viel schwerer geworden. (...)

Auf uns schaut Europa und die ganze Welt. Wir haben uns alle so zu verhalten, dass nicht die Feinde sich freuen und die Landsleute verzweifeln, wir haben mehr denn je zusammenzurücken und zusammenzustehen. Wir haben uns würdig zu erweisen den Idealen, die in der Freiheitsglocke über unseren Häuptern symbolisiert sind. Wir haben in Ruhe, aber auch Entschlossenheit und mit festem Willen einzustehen für das ganze Deutschland, für Einigkeit und Recht und Freiheit.

Ende der Bewegungsfreiheit: Ab August 1961 herrschten die Grenzwächter über die Friedrichstraße

schow und Ulbricht über das Wochenende die Sowjetzone und den Ostsektor von Berlin in ein riesiges Konzentrationslager verwandelt und sechzehn Millionen Menschen hinter den Stacheldraht der kommunistischen Diktatur gepresst«, schreibt der Chefredakteur des Tagesspiegel, Karl Silex. Die Bild-Zeitung klagt die tatenlose Zurückhaltung der West-Alliierten an. »Der Westen tut NICHTS!« titelt sie am 16. August, dem Tag, an dem 300 000 Berliner zum Protest gegen die Grenzziehung vor das Schöneberger Rathaus, den Sitz der West-Berliner Regierung, ziehen. Sie zeigen den Machthabern des Ostens, dass sie sich nicht einschüchtern lassen. Und den Machthabern des Westens werfen sie aufgebracht vor, dass sie sich von ihren »Beschützern« im Stich gelassen fühlen. Die Stimmung ist gereizt, als Willy Brandt seine Rede an die West-Bevölkerung hält. »Vom Westen betrogen« steht auf Plakaten.

Washington reagiert nun. Kennedy schickt am 19. August seinen Stellvertreter, den Vizepräsidenten Lyndon B. Johnson, nach Berlin. Gleichzeitig rücken demonstrativ 1500 US-Soldaten zur Verstärkung der Berliner US-Garnison über die Transitstrecke durch die DDR nach West-Berlin ein. Soldaten und Johnson werden stürmisch in Empfang genommen und bejubelt. Mit dem US-Vize ist auch General Lucius D. Clay nach Berlin gekommen, der als Organisator der Luftbrücke 1948/49 in bester Erinnerung ist. Kennedy nimmt die Berlin-Krise ernst und demonstriert Stärke. Clay wird im Oktober die erste und einzige direkte Konfrontation beider Weltmächte meistern müssen (vgl. S. 43).

Unterdessen schreitet die Abriegelung West-Berlins weiter, die der Vorsitzende des Staatsrates der DDR, Walter Ulbricht, als »Maßnahme zur Friedenssicherung« deklariert. Am 23. August werden die Grenzübergänge auf sieben reduziert: Bornholmer Straße, Chausseestraße, Invalidenstraße, Heinrich-Heine-Straße, Oberbaumbrücke, Sonnenallee und Checkpoint Charlie. Streng bewachte Durchlässe. Sie bleiben Diplomaten vorbehalten, Vertretern der Alliierten oder Bundesbürgern. Den Berlinern aus dem Westteil der Stadt verbietet die DDR-Regierung das Betreten von Ost-Berlin. Berliner, Freunde, Familien werden auf Jahre voneinander getrennt. Die Stadt erstarrt im Schockzustand.

Zeitzeugin . . . Miriam Flotow

Als ich am Sonntag Nachmittag die Nachrichten im Radio hörte, bekam ich einen großen Schrecken. Mir ist regelrecht schlecht geworden. Ost-Berlin abgeriegelt! Vier Tage zuvor hatte ich dort noch gewohnt. Zusammen mit meinem Ex-Mann in Köpenick, von dem ich mich genau in der Woche vor dem Mauerbau trennte. Ich bin ihm damals hinterhergezogen, doch sehr bald wieder zurück in meinen Heimatbezirk Charlottenburg gegangen. Charlottenburg liegt im Westen. Hätte ich den Entschluss, ihn zu verlassen, ein paar Tage hinausgezögert – keine Ahnung, was dann mit mir passiert wäre.

Niemand hat doch im Sommer 1961 damit gerechnet, dass die SED-Regierung Ernst macht. Niemand hat sich vorstellen können, dass das passiert, was Walter Ulbricht indirekt angekündigt hatte. Den Satz: »Niemand hat die Absicht, eine Mauer zu bauen« haben wir in West-Berlin nicht für voll genommen.

Abends fuhr ich mit Freunden zur Bernauer Straße. Die Stimmung war bedrückend. Viele Menschen standen dort, guckten fassungslos auf die Sperren aus Stacheldraht und Soldaten. Viele weinten, winkten ihren Verwandten. Auch ich hatte eine Tante im Osten. Dass ich sie erst Jahre später wiedersehen würde, dieser Gedanke kam mir nicht in den Sinn.

Wir waren alle sehr betroffen an diesem Abend. Trotzdem waren sich alle sicher, dass der Spuk schnell vorübergehen würde. Auch jetzt, als die Stadt endgültig in zwei Hälften zerschnitten wurde, dachte niemand an eine Teilung, die fast drei Jahrzehnte dauern würde. Keiner ahnte am 13. August, wie schmerzhaft die Wirklichkeit sein würde.

Bis allmählich alles immer radikaler abgeriegelt wurde. Und plötzlich eine echte Mauer errichtet wurde. Stück für Stück. Mit dem Bau der Mauer und dem Bau von Wachtürmen wurde es bedrückender in der Stadt. Manchmal hatten wir den Eindruck, als wäre die Aktion zwischen den Siegermächten abgesprochen gewesen. Ich hatte Angst. Angst vor einem erneuten Krieg. Unter meinem Bett stand ein gepackter Koffer, gepackt mit dem Nötigsten. Für alle Fälle. Falls meine Familie und ich mal abhauen müssten. Die Erlebnisse des Krieges steckten mir noch in den Knochen. Niemand wollte deshalb in Berlin ernsthaft, dass die West-Alliierten losmarschieren, um die Sperren niederzureißen.

Der Mauerbau hatte für meine Familie und mich einschneidende Folgen. Damals arbeitete ich in einer Schneiderei. Obwohl das Wirtschaftswunder mittlerweile West-Berlin erreicht hatte, war mein Lohn sehr gering. Ich bekam nur 40 Mark die Woche. Mein Vater arbeitete bei der Reichsbahn, die der DDR gehörte. Die Hälfte seines Lohnes bestand daher aus Ost-Währung. Einkaufen im Osten war für uns immer eine preiswerte Alternative gewesen. Vor dem Mauerbau tauschte ich D-Mark in Ost-Mark, um im Osten Brot, Fleisch oder Wurst zu kaufen. Natürlich war das Angebot dort mager. Dass ich den Ostlern etwas wegnahm, kam mir aber nicht in den Sinn. Es war üblich in Berlin, die wirtschaftlichen Unterschiede zu nutzen. Es gab auch Grenzgänger aus dem Osten, die für wenig Lohn im Westen arbeiteten, weiterhin aber billig zur Miete im Osten wohnten. Mit dem Westgeld waren sie besser gestellt als die anderen Ost-Bürger. Weil sie für weniger Lohn als die Westler arbeiteten, waren aber auch viele Westler sauer. Denn sie sagten: »Die Grenzgänger nehmen uns die Arbeitsplätze weg.«

Einkaufsreisen in den Osten waren nicht ungefährlich. Denn sie waren verboten. Ich musste vorsichtig sein und mich vor Stichproben der Volkspolizei in Acht nehmen.

Auch Kleidung, Stoffe oder Schuhe waren billiger im Osten. Die Auswahl war zwar wesentlich schlechter, aber eben preiswerter. Oft habe ich deswegen dort Stoffe gekauft zum Schneidern.

Obwohl ich häufig in den Osten ging, hat mich wenig mit den Leuten drüben verbunden. Die zwei Gesellschaften hatten sich längst auseinander gelebt. Es gab extreme Unterschiede wegen der schlechten wirtschaftlichen Lage im Ostteil. Die Kleidung war dort sichtbar schlechter. Der Westen lockte, die Flüchtlingslager in West-Berlin waren 1961 zum Bersten voll.

Mit dem 13. August war alles vorbei. Meine Familie musste noch kürzer treten. In den Fabriken und Geschäften des Westens fehlten plötzlich die Ost-Kollegen. Jeden Tag gab es nur noch schlechte Nachrichten. In den Zeitungen waren nur noch Berichte über Flucht.

Ein Freund von mir arbeitete in einer Fabrik nahe der Mauer in Reinickendorf. Dort stand im Osten ein Teil der Borsigwerke, deren Geländemauer plötzlich zur Grenze gemacht wurde. Täglich sah mein Freund, wie Arbeiter den Stacheldraht überkletterten. Es gab sogar lange Zeit eine verborgene Tür in der Fabrikmauer. Durch die kamen unbehelligt ehemalige Ost-Kollegen. Standen plötzlich wieder an ihrem alten Arbeitsplatz und sagten: Jetzt bleibe ich im Westen!

Obwohl es meiner Familie und mir schlechter ging, obwohl die Zukunft ungewiss war, habe ich nie daran gedacht, Berlin zu verlassen. Wegen der bedrohlichen Lage wären wir nicht weggezogen. Die meisten West-Deutschen hatten mehr Angst vor dem Ost-Regime als wir direkt betroffenen Berliner. Die SED-Regierung musste das Loch »West-Berlin« zumachen, sonst wäre die DDR doch ausgeblutet. Auch Jahre später hatte ich nie das Gefühl, eingesperrt zu leben.

Mauer gegen Menschen ... Ausbau der Grenze ... Mauertote

Conrad Schumann zehn Jahre nach seiner Flucht vor dem berühmten Foto, das seinen Sprung über den Stacheldraht in der Bernauer Straße zeigt (links), und kurz davor am 15. August 1961

Üble Beschimpfungen muss sich der 19-jährige Conrad Schumann anhören. »Verräter« und »KZ-Wächter« ruft man dem jungen Mann zu, der in der Ruppiner Straße steht. Und er ringt mit sich. Fragt sich, ob es richtig ist, dass er hier steht. Seine Pflicht erfüllt. Mit Helm, Karabiner, der Uniform der Nationalen Volksarmee. Mit seiner Schusswaffe vor einer niedrigen Barriere aus Stacheldraht auf- und abmarschierend die Menschen davon abhält, in die Bernauer Straße im Bezirk Wedding zu gelangen. Eine Absperrung, die auf Befehl seiner Dienstherren vor 48 Stunden erst errichtet worden ist. Irgendwann steht Schumann weit ab von den anderen wachhabenden Soldaten. Rennt los, springt, hechtet mit einem Satz über den Stacheldraht – das Gewehr von der Schulter werfend. Rennt weiter, hinein in einen Mannschaftswagen der West-Berliner Polizei. Fort von der Gefahr.

Das Foto, das den jungen Volksarmisten beim Sprung über die Grenze zeigt, geht um die Welt. Macht klar, was der »antifaschistische Schutzwall« in Wirklichkeit ist, gegen wen die Sperren und Hindernisse gerichtet sind. Gegen die Bürger der DDR. Schumann ist der erste prominente Mauerflüchtling. In den ersten sechs Wochen nach Grenzschließung flüchten 85 Grenzposten in den Westen.

Bis zu 1,6 Millionen DDR-Bürger hatten den sozialistischen Staat über das Schlupfloch West-Berlin bis zum 13. August 1961 verlassen. Wer nun dem realen Sozialismus den Rücken zukehren wollte, musste eine riskante Flucht wagen. Über Stacheldraht springen, durch Zäune kriechen, durch Kanäle und die Spree schwimmen. Oder gar aus dem Fenster seines Mietshauses springen. Schätzungsweise tausend Menschen fliehen in den ersten vier Wochen nach dem 13. August panikartig oder spontan. Freunde, Familie, Hab und Gut hinter sich lassend.

Ein perverser Wettlauf zwischen SED-Regime und DDR-Bürger hält Berlin in Atem. Bereits am Tag, als Conrad Schumann noch mit einem Sprung über Stacheldrahtrollen entkommen kann, am 15. August, beginnen die Grenztruppen die provisorischen Barrieren zu beseitigen und sie durch den Bau einer mannshohen Mauer zu ersetzen. Bekrönt durch Stacheldraht. Meter um Meter wächst die Mauer. Undurchlässig soll die Abriegelung des Landes werden. Unüberwindbar.

Den Wettlauf Mensch gegen Mauer bezahlen bereits in den ersten Tagen Menschen mit ihrem Leben. So etwa in der Bernauer Straße. Die Häuser an der südlichen Straßenseite gehören zum Ostsektor, während der Bürgersteig davor Westen ist. Die Hausfassade ist die Grenze. Viele Flüchtlinge springen dort aus den Fenstern oder seilen sich ab, denn die Fensteröffnungen werden allmählich von unten nach oben zugemauert. Am 19. August stürzt Rudolf Urban beim Abseilen aus dem Fenster seiner Wohnung und erliegt wenig später seinen Verletzungen. Am 22. August springt die 59-jährige Ida Siekmann aus dem dritten Stock, verfehlt eine bereitgelegte Matratze und erleidet beim Aufprall tödliche Verletzungen. Die ersten Opfer der Mauer.

Trotzdem reißen die dramatischen Szenen an der Bernauer Straße nicht ab. Am 24. September 1961 beispielsweise versuchen Volkspolizei und Stasi-Leute eine 77-jährige Frau, die bereits aus einem Fenster geklettert

Brennpunkt Bernauer Straße: Das Wohngebiet wurde zu militärischem Sperrgebiet, aus Wohnhäusern wurden Wachhäuser (August 1963)

Dramatische Fluchtszenen spielten sich in der Bernauer Straße ab (August 1961)

Ende einer Verzweiflungstat. Tausende wurden bei dem Versuch, nach West-Berlin zu fliehen, verhaftet und mussten ins Gefängnis (August 1962)

Geglückter Mauerdurchbruch mit einem schweren LKW in der Boyenstraße in Wedding im April 1962

ist, wieder in das Haus zu zerren. Die West-Berliner Feuerwehr rückt an, damit Flüchtlinge in Sprungtücher fallen können.

Die DDR-Regierung beschließt schließlich, rigide gegen die Fluchthäuser vorzugehen. Ende September müssen alle rund 2000 noch verbliebenen Bewohner ihre Wohnungen räumen. Hauseingänge und Fenster werden endgültig zugemauert.

Letzter Ausweg unter der Erde: Nachdem die Grenze immer dichter wurde, wagten viele mit Hilfe von Tunneln den Weg in die Freiheit (1962)

Auf besonders brutale Weise wird am 24. August klar, dass die SED nicht mehr gewillt ist, die zahlreichen Grenzüberwindungen hinzunehmen. Als Conrad Schumann neun Tage vorher den Sprung in die Freiheit gemacht hatte, berichtete er anschließend der West-Berliner Polizei von den Befehlen für die Volksarmisten: »Es gab nur drei Anweisungen: Wir durften in unserem Grenzbereich niemanden von Ost nach West lassen, wir sollten nicht auf Provokationen aus dem Westen eingehen, und wir durften nicht scharf schießen.«

Am 24. August wurde jedoch erstmals scharf geschossen. Nachmittags ist es. Wieder ein Sommertag. In der Nähe des Bahnhofs Friedrichstraße läuft ein junger Mann Richtung Humboldthafen. Das Becken ist Grenzgebiet. Zwei Warnschüsse werden von einem Wachposten abgefeuert. Der Mann läuft weiter, springt in das Hafenbecken. Erneut fallen Schüsse. Diesmal gezielt. Der 24-jährige Schneider, Günter Liftin, treibt reglos im Wasser. Er ist tot. Günter Liftin ist der erste Flüchtling, der von DDR-Grenzposten erschossen wird.

Was er nicht wissen konnte: Das SED-Politbüro hatte zwei Tage vorher die Anweisung gegeben, »dass jeder, der die Grenze unserer Deutschen Demokratischen Republik verletzt, auch – wenn erforderlich – durch Anwendung der Waffe gerufen wird«.

Am 29. August wird Roland Hoff erschossen, bei dem Versuch, den Teltow-Kanal zu durchschwimmen.

Bis Ende Oktober 1961 kommen an der Grenze zu West-Berlin bereits 15 Menschen zu Tode.

Trotz internationaler Proteste gegen die Schüsse an der Mauer schreckt die DDR-Regierung nicht vor weiteren Schießbefehlen zurück. Ein Dreivierteljahr vor dem Mauerfall, in der Nacht vom 5. auf den 6. Februar 1989, erschießen Grenzsoldaten den 20-jährigen Chris Gueffroy in Berlin-Treptow bei einem Fluchtversuch.

Er ist der letzte Flüchtling, der erschossen wird. Am 8. Mai 1989 stürzt Winfried Freudenberg mit seinem selbst gebastelten Ballon über Zehlendorf ab und stirbt.

Zwischen 100 und 150 Maueropfer werden in 28 Jahren beklagt. Die Geheimhaltung dieser Vorgänge durch die DDR hat bisher verhindert, dass es eine endgültige Zahl der Opfer gibt.

Die Flucht aus der DDR war lebensgefährliches Risiko.

Die Flucht aus der DDR musste immer ausgefeilter, immer phantasievoller, immer geheimer vonstatten gehen. In den ersten Jahren nach dem 13. August 1961 wurden Tunnel

Im Laufe der Jahre baute die DDR die Grenzanlagen systematisch aus, mit Wachtürmen und Kontrollwegen (Spandau 1981)

zwischen Ost und West gebuddelt, Fahrzeuge als Versteck präpariert, gefälschte ausländische Pässe benutzt.

Oft bereiteten »Fluchthelfer«, die im Westen Berlins lebten, die Aktionen vor. Anfangs allein aus Leidenschaft zur Freiheit oder politischen Gründen – später auch gegen Geld. Viele Aktionen schlugen fehl, wurden durch Spitzel der DDR-Staatssicherheit verraten. Etliche gefasste Fluchthelfer wurden zu hohen Zuchthausstrafen wegen »kriminellen Menschenhandels« verurteilt. Mehr als 3200 Personen wurden bei einem Fluchtversuch festgenommen und in der Regel zu mehrjährigen Gefängnisstrafen verurteilt.

Neue Mauergeneration mit Rohraufbau, der das Überklettern erschwerte (Wedding 1981)

Spektakuläre Fluchtereignisse reizten das Grenzregime.

In einer BMW-Isetta etwa schafften 1964 nacheinander 9 Personen die Flucht. Danach wurden Autos im Grenzverkehr peinlich pedantisch bis zum Blick unter die Motorhaube untersucht. 1961 gelang der Durchbruch eines Personenzuges. Auf der Strecke Hamburg Richtung Berlin raste am 5. Dezember eine Dampflok mit 32 Personen im Zug durch die Absperrungen. Alle Personen erreichten unversehrt West-Berliner Gebiet. 1966 walzten zwei Ost-Berliner mit einer Planierraupe ein Stück Mauer nieder. Bis in die achtziger Jahre sorgten Durchbrüche mit Fahrzeugen für Schlagzeilen. So raste am 10. März 1988 um 2 Uhr morgens ein Lkw von Potsdam auf die Glienicker Brücke zu. Das tonnenschwere Geschoss schaffte es, mehrere Betonhindernisse zu durchbrechen. Am Ende kamen drei Männer aus Babelsberg heil in West-Berlin an.

Sogar ein Schiff wurde zur Flucht benutzt. Am Morgen des 7. Juni 1962 legte die »Friedrich Wolf« von der Anlegestelle Treptow ab. Eine Gruppe Flüchtlinge hatte den Ausflugsdampfer quasi gekidnappt. Auf Höhe Oberbaumbrücke fuhr das Schiff plötzlich scharf backbord, in Richtung West-Berlin in den Landwehrkanal. Obwohl sie beschossen wurden, erreichten die »Piraten« glücklich die rettende Inselstadt.

Bis 1989 beträgt die Zahl der geglückten Fluchtversuche ungefähr 5000, davon waren 574 Personen Angehörige bewaffneter Verbände.

Unüberwindbar, undurchlässig. Die Machthaber der DDR bauten ihre Staatsgrenze Stück für Stück zu einer perfekten, abschreckenden Festungsanlage aus. Anfangs noch Drahtverhau, folgten bald Panzersperren aus Stahl und eine Mauer aus Hohlbausteinen.

Ab November 1961 wurden auch meterbreite Betonplatten übereinander geschichtet. Etwa vor dem Brandenburger Tor, wo die Grenze ironischerweise immer etwas flacher ausfiel, als üblich.

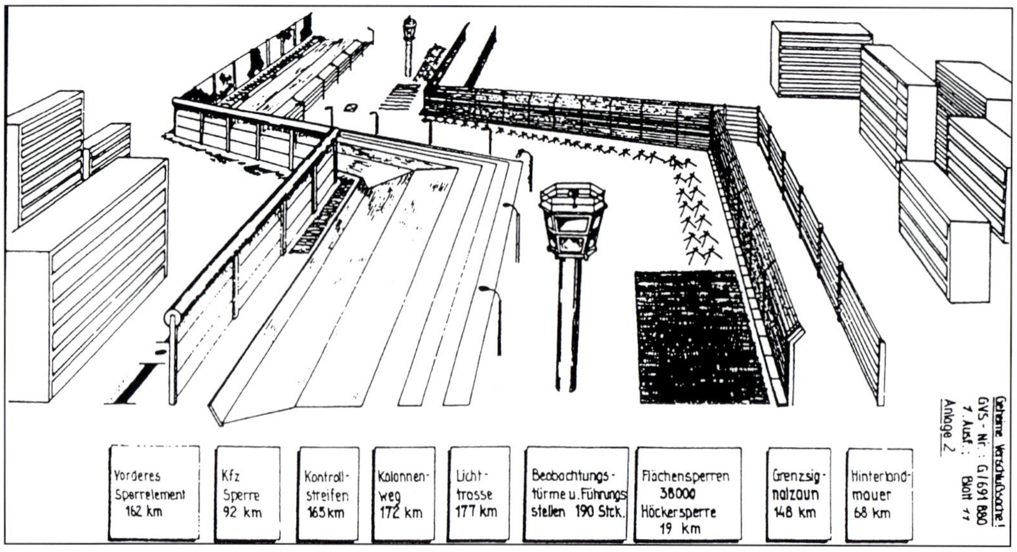

Schema einer perfekten Grenzanlage:
Die Mauer war am Ende ein ausgefeiltes Absperrsystem.

Wachtürme wurden gebaut, Häuser, die im Grenzgebiet standen, wurden abgerissen, Grabfelder von Friedhöfen planiert und überbaut, die unterirdische Kanalisation verbarrikadiert. Militärische Schneisen haut die DDR-Führung in die Stadt. Monat für Monat wird das gigantische Bauwerk monströser, effektiver, mörderischer.

Zwischen der Mauer an der Grenze zu West-Berlin und der »Hinterlandmauer« auf der Ostseite gehörten schließlich folgende Elemente zur Grenzanlage:

John F. Kennedy *(US-Präsident), 26. Juni 1963 vor dem Rathaus Schöneberg*

Meine Berliner und Berlinerinnen!
(...) Vor 2000 Jahren war der stolzeste Satz, den ein Mensch sagen konnte, der: Ich bin ein Bürger Roms. Heute ist der stolzeste Satz, den jemand in der freien Welt sagen kann: Ich bin ein Berliner. (...)

Wenn es in der Welt Menschen geben sollte, die nicht verstehen oder nicht zu verstehen vorgeben, worum es heute in der Auseinandersetzung zwischen der freien Welt und dem Kommunismus geht, dann können wir ihnen nur sagen, sie sollen nach Berlin kommen.

Es gibt Leute, die sagen, dem Kommunismus gehöre die Zukunft. Sie sollen nach Berlin kommen.

Und es gibt wieder andere in Europa und in anderen Teilen der Welt, die behaupten, man könne mit dem Kommunismus zusammenarbeiten. Auch die sollen nach Berlin kommen. Und es gibt auch einige wenige, die sagen, es treffe zwar zu, dass der Kommunismus ein böses und schlechtes System sei, aber er gestatte es ihnen, wirtschaftlichen Fortschritt zu erreichen. Aber lasst auch sie nach Berlin kommen.

Ein Leben in Freiheit ist nicht leicht und die Demokratie ist nicht vollkommen. Aber wir hatten es nie nötig, eine Mauer aufzubauen, um unsere Leute bei uns zu halten und sie daran zu hindern, woanders hinzugehen.

Ich möchte Ihnen im Namen der Bevölkerung der Vereinigten Staaten, die viele tausend Kilometer von Ihnen entfernt lebt, auf der anderen Seite des Atlantiks, sagen, dass meine amerikanischen Mitbürger stolz, sehr stolz darauf sind, mit Ihnen zusammen selbst aus der Entfernung die Geschichte der letzten 18 Jahre teilen zu können. Denn ich weiß nicht, dass jemals eine Stadt 18 Jahre lang belagert wurde und dennoch lebt in ungebrochener Vitalität, mit unerschütterlicher Hoffnung, mit der gleichen Stärke und mit der gleichen Entschlossenheit wie heute Berlin. Die Mauer ist die abscheulichste und stärkste Demonstration für das Versagen des kommunistischen Systems. Die ganze Welt sieht dieses Eingeständnis des Versagens. Wir sind darüber keineswegs glücklich; denn, wie Ihr Regierender Bürgermeister gesagt hat, die Mauer schlägt nicht nur der Geschichte ins Gesicht, sie schlägt der Menschlichkeit ins Gesicht. Durch die Mauer werden Familien getrennt, der Mann von der Frau, der Bruder von der Schwester, und Menschen werden mit Gewalt auseinandergehalten, die zusammenleben wollen. Was für Berlin gilt, gilt für Deutschland: ein echter Friede in Europa kann nicht gewährleistet werden, solange jedem vierten Deutschen das Grundrecht einer freien Wahl vorenthalten wird. (...)

Sie leben auf einer verteidigten Insel der Freiheit. Aber Ihr Leben ist mit dem des Festlandes verbunden, und deshalb fordere ich Sie zum Schluss auf, den Blick über die Gefahren des Heute hinweg auf die Hoffnung des Morgen zu richten, über die Freiheit dieser Stadt Berlin und über die Freiheit Ihres Landes hinweg auf den Vormarsch der Freiheit überall in der Welt, über die Mauer hinweg auf den Tag des Friedens mit Gerechtigkeit. (...)

Die Freiheit ist unteilbar, und wenn auch nur einer versklavt ist, dann sind nicht alle frei. Aber wenn der Tag gekommen sein wird, an dem alle die Freiheit haben und Ihre Stadt und Ihr Land wieder vereint sind, wenn Europa geeint ist und Bestandteil eines friedvollen und zu höchsten Hoffnungen berechtigten Erdteiles, dann, wenn dieser Tag gekommen sein wird, können Sie mit Befriedigung von sich sagen, dass die Berliner und diese Stadt Berlin 20 Jahre die Front gehalten haben.

Alle freien Menschen, wo immer sie leben mögen, sind Bürger dieser Stadt West-Berlin, und deshalb bin ich als freier Mann stolz darauf, sagen zu können: Ich bin ein Berliner.

- ein beleuchteter Kontrollstreifen – der »Todesstreifen« –, in der Regel 6 bis 15 Meter breit
- ein Kfz-Graben bzw. spanische Reiter
- fünf Meter hohe Lichtmasten
- ein Kontrollweg für die Patrouillenfahrzeuge
- ein Kontakt- und Signalzaun, der bei Berührung Signale gab
- Beobachtungstürme, Bunker, Stolperdrähten, Schießstände und Hundelaufanlagen

Zur Bewachung des Todesstreifen gehörten ständige Patrouillengänge, meist von zwei Grenzsoldaten.

Mit der letzten Ausbaustufe, die 1976 begann, löste eine 3,60 Meter hohe Betonwand aus Fertigteilplatten die Steinquader und Betonbalken auf der Westseite ab. Die als »Mauer der 4. Generation« oder offiziell als »Grenzmauer 75« bezeichnete Anlage sollte bis 1989 das Bild der Berliner Spaltung prägen. Die einzelnen Betonsegmente waren in der Regel 3,60 Meter hoch, 1,20 Meter breit und 15 Zentimeter stark. Ein Asbest-Betonrohr (40 Zentimeter Durchmesser) lag auf der Mauerspitze. Damit wurde das Überklettern mit Leitern oder anderen Hilfsmitteln erschwert. Ein 2,10 Meter ausladender »Fuß« in Form eines Widerlagers sorgte für hohe Stabilität. Der Durchbruch mit schweren Lastwagen war nun unmöglich.

Schätzungsweise 45 000 dieser Betonsegmente, zu einem Stückpreis von 359 DDR-Mark, wurden bis 1989 rings um West-Berlin verbaut. Anstelle der Betonwand stand – meist im naturnahen Bereich der Außengrenze West-Berlins – oft ein hoher, sehr engmaschiger Metallgitterzaun. An einigen Stellen lagen im Kontrollstreifen Metallbretter mit spitzen, nach oben zeigenden Nägeln.

Im Sommer 1989 bestand der 155 Kilometer lange Grenzring um West-Berlin aus:

- Betonplatten (106 Kilometer)
- Metallgitterzaun 83 (66,5 Kilometer)
- Kfz-Graben (105 Kilometer)
- Signalzaun (127 Kilometer)
- Kolonnenweg (124 Kilometer)
- 302 Beobachtungstürme
- 20 Bunker
- 259 Hundelaufanlagen

Bereits am 21. August 1961 wurden die ersten Betonplatten an der Bernauer Straße (Ecke Ackerstraße) zum Bau der Mauer verwendet

Zeitzeuge . . . Heinz Knobloch

Der Tag war Sonntag. Der Monat war September. Das Jahr war 1961. Und nun ist es soweit.

Die Wagen rollten in eine kleine Straße, bogen links um die Ecke, dann rechts, fuhren bis zuletzt schnell und stoppten kurz. Wir sprangen hinunter. Aus allen Wagen sprangen die Gruppen und wurden eingewiesen.

Dort stand unser Haus. Hoch und alt und stumm. Das Haus in der Bernauer Straße, das man nicht mehr von der Bernauer Straße aus betreten konnte, weil uns die Bernauer Straße nicht gehört. Wir konnten nur von hinten in unser Haus. Ein Eckhaus. Und von ihm bis zum nächsten Eckhaus sperrte die Mauer die Bernauer Straße entlang der Hausfluchtlinie, denn der Bürgersteig ist schon Westen.

Die Mauer war schon einen Monat alt und sah noch ganz neu aus.

Vor ihr lagen Stacheldrahthindernisse. Wachtposten sahen uns an.

Wir beeilten uns, in unser Haus zu kommen. Für jede Wohnung eine Gruppe. Ein altes Berliner Haus mit Holztreppen und unbequemen hohen Stufen, mit abgeschabten Wänden, von denen Farbe und Putz abbröckelten. Fester haftet der ewige Geruch nach Weißkohl und Waschküche, der schon zu Kaiser Wilhelms Zeiten hier eingezogen war.

Wir hasteten die Treppen hoch. Unser Erster Mann führte uns. »Fünf Treppen«, sagte er. Hundert Mann bestiegen ein Haus. Es gähnte, es ächzte unter unseren heftigen Füßen, aber es schlief noch.

Als wir auf dem vorletzten Treppenabsatz ankamen, hörten wir es zwei, drei Treppen tiefer klingeln und klopfen, hörten Stimmen und Füßescharren. Ich wartete auf den großen Schrei. Aber der große Schrei kam nicht.

Nun waren wir angelangt. Nun standen wir bei unseren Menschen vor der Tür.

Sein Ärmel verdeckte das Namensschild, als unser Erster Mann klingelte. Anhaltend und schrill. Es war, als ob er mit dem ganzen Körper auf der Klingel lag.

Dabei drehte er den Kopf und teilte mit einem Nicken vier von uns ein.

»Ihr geht an die Fenster«, sagte er.

Ich drängte mich nach vorn, ich wollte alles ganz genau sehen. (Ich stand also dabei wie ein Pressevertreter!)

»Aufmachen!« rief einer und hämmerte mit den Fäusten gegen die Tür.

Fäuste bummerten auch eine Treppe tiefer. Das Haus erwachte.

Ich war erregt und gespannt auf alles, fühlte unerhörte Neugierde.

Die Tür öffnete sich zaghaft. Unser Erster Mann stellte sofort seinen Fuß dazwischen. Woher kann einer das? Mit mir müsste man das erst einüben. Daher bin ich kein Erster Mann.

Im Korridor stand ein alter Mann in einer zerschlafenen Pyjamajacke, der mit der einen Hand seine Hose festhielt. Eine schwarze Hose; er hatte wohl noch keine Zeit gehabt, sie zuzuknöpfen. Er sah müde aus.

Und schon drängten wir ihn beiseite und schoben uns in das erste Zimmer, dessen Tür offenstand. Zwei von uns stellten sich sofort vor das Fenster.

Nun stand der Mann in seinem Wohnzimmer. Er sah verwundert aus, auf seinen alten kahlen Beinen neben dem Tisch. Wir hatten ihn dorthin gestellt. Nicht grob, aber mit Bestimmtheit.

Er war doch ein alter Mann. Etwa sechzig. Mit vielen grauen Strähnen über dem hageren Gesicht. Er sagte nichts. Was sollte es sagen? Was erwartete ich? Ich hatte nicht: »Guten Morgen« gesagt. Keiner hatte. Und er nicht: »Bitte, kommen Sie herein.«

In der Tür, die zum Schlafzimmer führte, erschien eine alte Frau mit grau zerzaustem Haar, ebenso hager wie der Mann. Sie trug einen rosa Unterrock und hielt vor dem Körper einen Kittel mit beiden Händen, ohne ihn anzuziehen. An ihr vorbei gingen die anderen zwei und stellten sich vor das Schlafzimmerfenster.

Es roch alles unausgeschlafen.

Obwohl es ganz still war, bat unser Erster Mann um Ruhe. Dann holte er einen hektographierten Bogen aus seiner Tasche und begann den Inhalt abzulesen. Er tat alles mit äußerster Korrektheit.

Er las den beiden alten Leuten Satz für Satz vor. Ich weiß nicht, ob sie alles in der Aufregung verstanden – »im Zuge der Maßnahmen zur weiteren Sicherung der Staatsgrenze der Deutschen Demokratischen Republik« – aber sie begriffen, dass ihre Wohnung geräumt werden musste. Und zwar hier und heute, jetzt und sofort. Anfangen. Los geht's.

Und sie hörten und begriffen, dass wir gekommen waren, um sie und all ihr Hab und Gut abzutransportieren. Dass sie noch heute in einer anderen Wohnung leben würden, mit neuer Anschrift und neuen Schlüsseln, dass sie von jetzt an sämtliches Hab und Gut einpacken sollten und sich nicht mehr den Fenstern nähern, dass sie Ruhe und Ordnung zu bewahren und sich unseren Weisungen nicht zu widersetzen hatten.

Er las immer noch. Das war richtig so, denn unsere beiden Menschen hatten ein Recht darauf, alles erklärt zu bekommen. Ich wartete auf den Schrei der Frau, wartete auf Tränen, auf Zusammenbruch, auf jammernden Protest.

Nichts. Die beiden standen stumm. Sie standen, als ob unser Erster Mann gerade zu ihnen gesagt hätte: »Sie können hier wohnen bleiben. Guten Tag.« (...)

Wer waren unsere Leute? Ich hätte gern ihre Geschichte gewusst. War die Frau jeden Morgen dort drüben arbeiten gegangen? War sie Putzfrau oder Verkäuferin gewesen, eine der über zehntausend Näherinnen? Packte sie an einem Band Schokolade ein oder montierte Relais? Oder war ihr Mann Grenzgänger gewesen? Oder beide? Hatten sie sich dabei etwas gedacht, oder waren sie bloß zufrieden, weil es ihnen gut ging dabei, wenn sie das vierfache Geld nach Hause brachten. Bis zu diesem August konnte man einen Scheuerlappen auswringen und dafür den vierfachen Lohn kassieren, wenn die Wassertropfen aus einem Hahn im Westen stammten.

Aber ihre Zimmer sahen nicht so aus, als ob eine Menge Geld verdient worden wäre. Lag es auf dem Konto? Für die alten Tage, die bereits begonnen hatten?

Ich hätte gern etwas von diesen Leuten gewusst, deren Einrichtung ich bis in die Einzelheiten kennen lernte. Wer waren sie? Was hatten sie in den letzten vierzig Jahren getan? Oder unterlassen?

Es war folgerichtig, wenn die folgende Generation zu ihnen ins Haus kam, am Sonntagmorgen, um die Wohnung auszuräumen und mit ihnen umzuziehen, dass sie nicht nur Möbel trug, sondern auch Fragen stellte. Die Mauer dort unten und wir hier oben waren Teile einer Rechnung, auf der solche Positionen wie 1945, 1939 und 1933 standen. Und in alter Schrift 1919. Als diese Rechnung auf sie zukam, bezahlten sie schweigend. Waren sie immer so still gewesen?

Ich hob den Radioapparat auf die rechte Schulter und sah noch einmal aus dem Fenster. Neben dem Funkwagen stand jetzt ein kleiner Bus, aus dem Kameraleute krabbelten und ihr Gerät auf die Straße stellten.

Ich nahm im Gehen noch einen Pappkarton mit, in den Kissen gestopft waren. Auf der Treppe, auf dieser mistigen steilen alten Treppe überkam mich wieder das Gefühl des Alleinseins. Und ich schämte mich wieder über alles, was ich hier tat. Und dachte: wie gut, dass dich keiner sieht und kennt. (...)

Auf der anderen Seite der Mauer hatte jemand eine Leiter aufgestellt und stand dort mit einem Fotoapparat auf den Sprossen. Für ihn im toten Winkel und von ihm nicht zu sehen, hockte auf unserer Seite der Mauer ein Offizier, der an einer Nebelkerze fummelte, bis er sie in Gang bekam und über die Mauer warf, wo sie sich alsbald in eine graue Wolke verwandelte, die den Mann auf der Leiter einhüllte.

Warum machten wir den Nebelvorhang? Warum nicht die anderen?

Der Wind zerblies den Nebel und verteilte ihn. Die Sonne hatte sich für einen sonnigen Sonntag entschieden, nun trafen ihre Strahlen diese Stadt, hell, warm und beruhigend.

Wer aber hier stand, musste sich mit Gewalt vorstellen, dass es Familien gab, die baden fuhren und sich in die Sonne legten. In beiden Teilen der Stadt. (...)

Der Mann mit der Leiter, der seine Fotos nicht für später, sondern für die Morgenzeitung machte, was dem einen sin Uhl..., hatte seine Leiter in respektvollerer Entfernung wieder aufgestellt und nutzte die Möglichkeiten des Teleobjektivs.

Unsere warfen wieder Nebelkerzen, gleich mehrere, aber zu früh, denn eine kam in hohem Bogen über die Mauer zu uns zurück, da hatte einer schnell reagiert, und nun lag sie im Stacheldrahthindernis, und erst jetzt gab sie den dumpfen Knall und verqualmte, zog zwischen den Häusern den grauen Schleier zu. Ein leichter Wind, der durch die Straßen wehte, von Norden kam, aber sich wie ein Westwind benahm, blies den grauen Nebel auf uns zu. Und wenn er sich auch auflöste dabei, unsichtbar wurde, so drang er doch in unsere Nasen, und das reizte und brannte die Schleimhäute, bis die Tränen liefen. Zureden hilft bei Nebel nicht. Ich bekam meine Portion ab und lief hustend in den Hausflur, das half nicht viel, ich musste weinen und rieb mir die Augen rot. Ich hatte auch schon amerikanisches Tränengas geschluckt, als wir vor dem Militärgebäude wegen Korea demonstrierten, konnte aber keinen großen Unterschied feststellen, nur den, und er war nicht unwichtig, dass mir die Portion vom amerikanischen Tränengas zustand, diese hier aber nicht. Wieso brennen mir Augen und Kehle? Es ist doch unser Tränengas.

Wir standen im Hausflur ziemlich dicht und sahen einander mit nassen Augen an. Die Volkspolizisten, Wachtposten für Hof und Abfahrtstrecke, schnäuzten sich und fluchten über das Ungeschick des Werfers. Dann wurde die Luft wieder rein. (...)

In der Wohnung war noch genug Arbeit. Die Betten mussten auseinander genommen werden. Abgezogen waren sie schon, zum Glück, aber ich mochte nicht einmal die Auflagematratzen anfassen. Es blieb ein schmutziges Geschäft. Die Betten knackten und quietschten, als wir die Federböden abhoben und die Seitenbretter aushakten. Auseinander gezerrte Träume und ein paar Erinnerungen. Bei einem Großreinemachen ist man weniger sentimental. War es kein Großreinemachen?

Der Mann kam zurück. Er hatte die neue Wohnung angesehen. Nicht weit von hier bis dahin. Brunnenstraße. Aber Seitenflügel, keine Aussicht mehr wie aus dem fünften Stock. Stattdessen der Vorteil von zwei Treppen.

Er kam, die Geburt einer neuen Wohnung anzuzeigen, in der er seinen Zollstock zurückgelassen hatte.

aus: Heinz Knobloch, »Stadtmitte umsteigen«, 1982, Neuausgabe 2002

Zeitzeuge . . . Joachim Rudolph

Tunnel 29 – Vom Flüchtling zum Fluchthelfer

Joachim Rudolph machte gerade an der Ostsee Urlaub, als er von der Grenzziehung in Berlin hörte. »Niemand konnte sich damals vorstellen, dass die Absperrungen lange stehen bleiben würden«, erinnert er sich. »Wie sollte das funktionieren? Berlin teilen, eine ganze Stadt durchtrennen?« Tag für Tag wurden die Neuigkeiten jedoch bedrückender und bedrohlicher. Deshalb kehrte Rudolph früher als geplant in den Ostteil der abgeriegelten Stadt zurück, wo er lebte.

Bis zu diesem Zeitpunkt hatte der damals 22-jährige nicht daran gedacht, die DDR zu verlassen. Als sich jedoch auch seine Hoffnungen auf den gewünschten Studiumsplatz in Dresden zerschlugen, wollte er nicht mehr in der DDR bleiben. »Es gab keine Zukunftsperspektive mehr für mich im Sozialismus. Auch wurde der politische Druck mit dem Bau der Mauer immer stärker«, erklärt Rudolph.

Rudolph und sein Freund, Manfred Krebs, suchten in den Wochen nach dem 13. August nach einer geeigneten Fluchtstelle. Die Grenzbereiche waren Anfang September längst nicht mehr so durchlässig und lückenhaft wie zu Beginn. Gleichzeitig gab es die ersten Toten an der Mauer, erschossen durch die Grenztruppen oder bei der Flucht verunglückt. »Wir wussten, dass der Weg in die Freiheit lebensgefährlich war«, erzählt Rudolph.

Also fuhren sie die gesamte innerstädtische Grenze mit dem Fahrrad ab. Erkundeten verschiedene Stellen und beobachteten gleichzeitig die Entwicklung an der Grenze im Fernsehen. »Schließlich haben wir uns entschlossen, vom Gebiet der DDR über die Feldlandschaft nördlich der Stadt nach West-Berlin zu fliehen.« Nach Lübars. Alles war vorbereitet, nur auf bewölktes Wetter mussten sie warten, damit sie im Dunkeln nicht so leicht entdeckt werden konnten.

Am 28. September war es endlich soweit. Wolken. Rudolph schnappte sich seine Aktentasche mit dem wichtigsten Hab und Gut und fuhr mit Freund Manfred in den Norden von Berlin. Von einer Lichtung aus rannten sie zunächst in das hohe Gras einer Wiese. Dort versteckten sie sich, warteten ewig, lauschten, was sich in Grenznähe tat. Es gab einen Beobachtungsturm, von dem aus das weite Gelände bewacht wurde. »Das Gras haben wir wachsen hören, so aufgeregt waren wir.« Schließlich robbten sie in Richtung Grenze. Ein kleiner Bach war dort die Grenze zu West-Berlin, das Tegeler Fließ. Nach einigen Minuten standen sie vor dem Fließ. Irritiert, denn nirgendwo war ein Zaun zu sehen. Hatten sie sich verirrt? Wo waren sie wirklich? »Doch wir waren richtig, nur noch das wenige Meter breite Fließ musste durchquert werden.«

Sie schafften es bis ans westliche Ufer, ohne dass ein Grenzposten die Flucht bemerkte. In dem West-Berliner Dorf Lübars gingen sie zur Polizeistelle. Am darauffolgenden Morgen fuhren sie zum Aufnahmelager Marienfelde.

Rudolph ahnte damals nicht, dass er fast ein Jahr später 29 Menschen zur Flucht aus Ost-Berlin verhelfen sollte. Durch einen Tunnel unterhalb der Bernauer Straße. Dem Ort tragischer Fluchtschicksale zwischen Wedding (West) und Mitte (Ost). Der Kontakt zur Fluchthelfer-Szene führte ihn zu die-

sem Unternehmen. Nachdem Rudolph heil in West-Berlin angekommen war, wollte er Mutter und Schwester aus Ost-Berlin holen. Für seine Mutter und Schwester wurden falsche Pässe besorgt, die sie als Österreicher auswiesen. Auf diese Weise konnten sie im November 1961 unbehelligt aus dem abgeriegelten Ost-Berlin ausreisen.

Rudolph und sein Freund lernten durch die Organisation der Pässe zwei Italiener kennen, die Freunde in Ost-Berlin hatten. Eine Familie mit Kind. Sie erzählten, dass sie ihre Freunde aus der DDR holen wollten.

»Als Flüchtling war mir klar, wie groß der Leidensdruck in der abgeschotteten DDR war. Ich wollte deshalb helfen.« Die beiden Italiener kamen auf die Idee, einen Tunnel Richtung Ost-Berlin zu bauen. Fluchttunnel gab es damals bereits. Sie waren jedoch alle recht einfach oder nur kurz. Nachdem die Grenze jedoch Woche für Woche immer dichter geworden war, hatte nur noch ein richtiges unterirdisches Bauwerk eine Chance, unentdeckt zu bleiben. Nach der Vorstellung der Italiener sollte die Fluchtröhre 180 Meter lang werden und die Bernauer Straße unterqueren, deren südliche Häuserzeile die Grenze bildete, weiter unter dem ersten Häuserblock hindurchführen, eine weitere Straße unterqueren und im darauffolgenden Karree an der Rheinsberger Straße enden.

»Ihr seid verrückt«, kommentierte ein befreundeter Ingenieur-Student den tollkühnen Plan.

»Wir ließen uns jedoch von der Idee nicht abbringen«, erzählt Rudolph. Nach dem Winter sollte es losgehen. Als Ausgangsbasis für die unterirdischen Arbeiten diente ein altes Fabrikgelände an der Bernauer Straße, Ecke Brunnenstraße. Als die Gruppe den Besitzer fragte, ob sie einen geräumigen Keller mieten könnten, ahnte er, was sie vorhatten. »Mensch«, sagte er freudestrahlend, »wieso seid ihr nicht schon früher gekommen?! Man muss denen da drüben endlich eins auswischen.« Begeistert von dem Vorhaben, überließ er den Keller ohne Miete.

Es war ein Riesenkeller, ideal für die Arbeiten. »Um den richtigen Weg nach Ost-Berlin zu finden, hatten wir Karten aus dem Katasteramt zur Hilfe.« Im Frühjahr 1962 ging es los. Zu fünft stemmten sie die Betonsohle des Kellers auf. Mit Spaten und Hacken arbeiteten sie sich ins Erdreich. Zunächst ging es drei Meter tief in den Lehmboden.

Sie arbeiteten nur nachts, aus Sorge, die Grenzposten auf der anderen Seite der Bernauer Straße könnten Verdacht schöpfen. Denn sie beobachteten jedes Kommen und Gehen auf der westlichen Seite. Der Tunnelbau sollte aber ziemlich schnell zur Vollbeschäftigung werden. Die Arbeit unter Tage ging nur mühsam voran. Deshalb buddelten sie schließlich rund um die Uhr. In drei Schichten á acht Stunden, sieben Tage die Woche. Auf drei bis vier Leute pro Schicht war die Gruppe mittlerweile angewachsen. Immer mehr Helfer kamen hinzu. Die Angst vor den Argusaugen der DDR-Grenzposten wurde wieder stärker, denn je mehr Menschen das Fabrikgelände betraten, desto größer war die Gefahr der Entdeckung. Also reduzierten sie den Betrieb auf nur zwei Schichten, die dann allerdings jeweils zwölf Stunden dauerten. Ein bis drei Meter kamen sie täglich voran.

Die befreundete Familie der Italiener in Ost-Berlin wurde über jeden Fortschritt minutiös informiert. Denn die Italiener konnten unbehelligt in den Ostteil einreisen.

Rudolph erinnert sich: »Die Arbeit in der 90 Zentimeter schmalen und ein Meter niedrigen Röhre war eine enorme psychische Belastung.« Trotzdem lief alles perfekt, die Luftzirkulation funktionierte, die Stützen hielten. Bis eines Tages Wasser in den Tunnel eindrang. Abbruch der Arbeiten!

Mühselig wurde das Wasser wochenlang aus der Röhre gepumpt. Doch nicht nur die Natur brachte sie in Bedrängnis. Allmählich war das Unternehmen zu bekannt geworden. 40 Leute arbeiteten jetzt unter Tage. Jeden Tag konnte ein DDR-Spitzel auf dem Gelände auftauchen. Es musste also etwas passieren; die Zeit drängte.

In kleinem Kreis änderten sie den Plan. »Die Tunnelroute wurde verkürzt.« Bereits einen Block hinter der Grenze, in der Schönholzer Straße, sollte der Fluchtweg enden. Ein riskanter Entschluss, denn die Schönholzer Straße war streng bewachtes Grenzgebiet. Auf der Straßenmitte zog sich ein Stacheldrahtzaun entlang, der die Straße in zwei Seiten teilte. Nur Bewohner durften die Häuser betreten, deren Hinterhäuser an die Bernauer Straße, den hoch sensiblen Bereich der Berliner Mauer, grenzten.

Um im unbewachten Teil anzukommen, musste der Tunnel mindestens noch die Schönholzer Straße unterqueren. Rund 120 Meter war er schließlich lang. »Wo wir am Ende ankommen werden, wussten wir nur ungefähr«, erinnert sich Rudolph. Welcher Hauskeller es genau war, konnten sie erst nach dem Durchstich feststellen. Die 29 Flüchtlinge, die für den ersten Fluchttag vorgesehen waren, mussten jedoch die exakte Adresse des Hauses erfahren.

Als sie sicher waren, unter dem unbewachten Teil der Schönholzer Straße angekommen zu sein, gruben sie rund 2,50 Meter schräg nach oben. Am 14. September 1962, erzählt Rudolph, passierte es. Diffuses Kellerlicht drang in die Fluchtröhre. »Wir waren durch!«

Jetzt musste alles schnell gehen. Die Personen, die fliehen wollten, waren vorbereitet. Noch wussten sie jedoch nicht die Hausnummer für den Weg in den Westen. Zu dritt wagten sie sich an die Kellertür. Öffneten sie mit einem Dietrich. Die Luft war rein. »Jetzt musste ich nach vorne zum Hausflur, die Nummer herausfinden. Ich musste dafür auf die Schönholzer Straße treten.« Nicht ahnend, was ihn hinter der schweren Haustür erwartete.

Rudolph sah Grenzposten, die auf der Straße patrouillierten. Er las: Schönholzer Straße 7.

Die Flüchtlinge, engste Verwandte und Freunde aus allen Teilen der DDR, wurden informiert. In kleinen Gruppen trafen sie nacheinander im streng bewachten Bereich ein. Etwa um 18 Uhr kamen die Ersten, danach jede Viertelstunde eine weitere Kleingruppe, der Letzte schlüpfte so gegen 22.30 Uhr durch die Tür. Entsetzlich gespannt waren die Nerven.

Sie hatten großes Glück. »Nicht eine Sekunde sind wir in eine ernsthafte oder gefährliche Situation gekommen«, sagt Rudolph. Die Flüchtlinge machten alles, was ihnen gesagt wurde. Niemand zögerte, in die enge Tunnelröhre hineinzukrabbeln. »In solchen Momenten schaltet man sein Denken, seine Ängste aus.« Am anderen, westlichen Ende angekommen, wurden sie von den Kameras des amerikanischen Fernsehsenders NBC empfangen. Der Kanal hatte sich die Filmrechte über den Tunnelbau erkauft. Die staunenden Kameramänner filmten junge Leute und Rentner, die erschöpft, aber überglücklich aus der Röhre krochen. Auch ein vier Monate altes Kleinkind war darunter.

Doch während sich die ersten Flüchtlinge vor Freude in den Armen lagen, geschah unter der Erde die Katastrophe. Wieder brach Wasser ein. Der Fluchttunnel füllte sich langsam aber sicher mit Wasser. Die letzten Flüchtlinge mussten eiligst auf Knien durch den Schlamm robben. Obwohl das Wasser relativ schnell in die Röhre eindrang, schafften alle 29 Menschen den Weg. Das Wasser im Tunnel zerschlug jedoch alle weiteren Fluchtmöglichkeiten. »Wir konnten nichts weiter machen«, meint Rudolph.

Was sie nicht wussten: Der Tunnel blieb vor den Spähern der Grenztruppen unentdeckt. Erst 14 Tage nach der Aktion wurden sie auf ihn aufmerksam, weil ein Teil des Gehweges in der Schönholzer Straße absackte. Damals konnte sich niemand von der DDR-Staatssicherheit vorstellen, dass ein Tunnel gegraben würde, der so weit ins Ost-Gebiet reicht.

Joachim Rudolph lebt mit seiner Ehefrau in West-Berlin. Die spektakuläre Tunnelflucht wurde verfilmt und im Fernsehen ausgestrahlt.

Annäherung…Passierscheine…Vier-Mächte-Status…Maueralltag

Sonntagsausflug im Schatten des Schreckens (Kreuzberg 1981)

Wie lebte es sich mit der Mauer in einer Großstadt, die zerteilt bzw. halb eingeschlossen war? Die Frage lässt sich nicht eindeutig beantworten, denn im geteilten Berlin entstanden zwei Perspektiven auf die Grenze. So lebten die West-Berliner zwar plötzlich auf einer hermetisch abgeschlossenen »Insel«, doch konnten sie diese jederzeit Richtung Westeuropa verlassen, konnten reisen und schließlich auch – mit Einschränkungen – den Ostteil der Stadt und die DDR besuchen. Ost-Berlinern hingegen war zwar »nur« der Westteil der Stadt verwehrt, dagegen waren sie jedoch gezwungen, in einem Staat zu leben, den sie größtenteils ablehnten. Die DDR war ein diktatorisches System, in dem es den Menschen verboten wurde, in den demokratischen Teil Europas – vor allem in die Bundesrepublik Deutschland – zu reisen. Zudem vertiefte die reale Teilung radikal die unterschiedlichen Lebensumstände in den zwei Gesellschaften. Arrangieren ist sicher der einzige Ausdruck, der für die Situation auf beiden Seiten zutraf. Arrangieren mit der 28 Jahre währenden Ausnahmesituation in der deutschen Hauptstadt. Die Berliner in Ost und West mussten – wohl oder übel – mit der widernatürlichen Spaltung zurechtkommen.

Auf politischer Ebene bedeutete dies für West-Berlin, nachdem der Schock des 13. August 1961 überwunden war, die Mauer möglichst durchlässig zu machen. War doch den Berlinern beider Seiten der Zugang zum jeweils anderen Teil nicht gestattet. Mit der »Politik der kleinen Schritte« unternahm der

Bernauer Straße 1962: Lange Zeit blieb den zerrissenen Familien und getrennten Freunden nur noch der Blickkontakt

West-Berliner Senat den Versuch, die krisenanfällige Konfrontation der beiden Systeme mitten in der Stadt zu beenden, um auf dem Wege der Kooperation wieder die Menschen, Familien und Freunde beider Stadthälften zusammenzuführen. Ein langwieriger Prozess, der auf heiklem, störanfälligem diplomatischen Parkett voranschritt – ja geradezu voranschlich. Spielten doch in Berlin immer auch weltpolitische Konflikte der beiden Supermacht-Blöcke eine zentrale Rolle. Der Prozess nahm zehn Jahre in Anspruch, bis er 1972 mit dem »Vier-Mächte-Abkommen« in einen von allen Seiten akzeptierten und respektierten Status quo Berlins mündete.

Der erste große, menschlich wichtige Durchbruch in der Annäherung der geteilten Stadthälften geschah zu Weihnachten 1963. Mehr als zwei Jahre nach dem Bau der Mauer durften West-Berliner endlich wieder den Ostteil der Stadt betreten. Unter strengen Bedingungen allerdings, die zuvor in komplizierten Verhandlungen zwischen Senat und DDR-Regierung ausgehandelt worden waren. Auf nur knapp drei Wochen, vom 18. Dezember 1963 bis zum 5. Januar 1964, war die Sonderregelung begrenzt. Die Einreiseerlaubnis wurde lediglich für jeweils einen Tag von 6 Uhr morgens bis 24 Uhr erteilt. Zusätzlich mussten zehn DM zum Kurs 1:1 in DDR-Mark umgetauscht werden. Als größte Hürde erwies sich jedoch die umständliche Ausstellung der »Passierscheine« durch DDR-Behörden auf West-Berliner Gebiet. DDR-Postangestellte nahmen die Anträge in West-Berlin entgegen. Bearbeitet werden mussten sie jedoch in Ost-Berlin, um dann anschließend in West-Berliner Schulen und Turnhallen an die Bürger ausgegeben zu werden. Vor den Ausgabestellen bildeten sich lange Schlangen. Trotz eisiger Kälte und Schnee warteten die Menschen oft stundenlang. Ein Bericht des »Tagesspiegel« verdeutlicht die Situation: »Um 13 Uhr standen rund 32 000 West-Berliner, teilweise seit mehr als zwölf Stunden bei vier Grad Kälte und mehr, an den Turnhallen. Die Stimmung war nach übereinstimmenden Berichten noch erregter als an den Vortagen. Um 15 Uhr gaben etwa 9000 Wartende die Hoffnung auf, noch abgefertigt zu werden.« Um den Ansturm zu bewältigen, erhöhten die DDR-Behörden die Zahl der Postbeamten in den Ausgabestellen. Insgesamt wurden in diesen drei Wochen rund 1,2 Millionen Passierscheine für einen Tagesaufenthalt ausgegeben.

Das Wiedersehen nach zwei Jahren gewaltsamer Trennung hat sich tief in die Erinnerung der Stadt eingegraben. Tränenreiche Szenen spielten sich an den provisorischen Übergängen, wie Oberbaumbrücke oder Bahnhof Friedrichstraße, ab. West-Berliner mit etlichen Geschenk- und Hilfspäckchen in den Händen liefen von Gefühlen überwältigt ihren Verwandten aus Ost-Berlin entgegen.

Doch diese weihnachtliche Familienfreude blieb lange Zeit eine Ausnahme. Nur vier Passierschein-Abkommen gab es bis Pfingsten 1966. Denn die DDR-Regierung versuchte, menschliche Fortschritte mit politischen Forderungen zu verknüpfen, auf die weder West-Berlin noch die West-Alliierten aus statusrechtlichen Gründen eingehen wollten. Nach Pfingsten 1966 war der Zugang nach Ost-Berlin daher erneut geschlossen.

Erst mit der weltpolitischen »Entspannungsphase« zwischen Nato-Staaten und Warschauer Pakt gelang es, Vereinbarungen auszuhandeln, die das »geteilte« Zusammenleben erträglicher und verlässlicher machen sollten. Im März 1970 setzten sich die Kontrahenten des Kalten Krieges im früheren Kontrollratsgebäude in Berlin-Schöneberg (Kleistpark, heute Verfassungsgericht) an einen Tisch. Die USA, Großbritannien, Frankreich und die UdSSR wollten die ständigen Querelen um Status-Fragen, um Kontrollen auf den Zufahrtswegen nach West-Berlin und um Besuchsregelungen beilegen. Andert-

Ronald Reagan *(US-Präsident), 12. Juni 1987, anlässlich der 750-Jahr-Feier Berlins, vor dem Brandenburger Tor*

(...) Präsident von Weizsäcker hat einmal gesagt: Die Deutsche Frage ist so lange offen, wie das Brandenburger Tor zu ist. Heute sage ich, solange das Tor zu ist, solange wird diese Mauer als Wunde fortbestehen: Es ist nicht die Deutsche Frage allein, die offen bleibt, sondern die Frage der Freiheit für die gesamte Menschheit. Ich komme jedoch nicht hierher, um zu klagen. Denn ich erkenne in Berlin ein Signal der Hoffnung – im Schatten dieser Mauer sogar ein Signal des Triumphes. (...)

In den fünfziger Jahren prophezeite Chruschtschow: »Wir werden Euch begraben.« Aber heute erblicken wir im Westen eine freie Welt, die ein Niveau an Wohlstand und Wohlergehen erlangt hat, die in der Geschichte ihresgleichen suchen. (...)

Jetzt wird den Sowjets auch allmählich die Bedeutung der Freiheit klar. Aus Moskau ist viel von einer neuen Politik der Reform und Offenheit zu vernehmen. (...) Sind dies die Anfänge tiefgreifender Veränderungen im Sowjetstaat? Oder sind es Scheingesten, die im Westen falsche Hoffnungen wecken oder das sowjetische System festigen sollen, ohne es zu verändern? (...)

Generalsekretär Gorbatschow, wenn Sie nach Frieden streben, wenn Sie Wohlstand für die Sowjetunion und für Osteuropa wünschen, wenn Sie die Liberalisierung wollen, dann kommen Sie hierher zu diesem Tor! Herr Gorbatschow, öffnen Sie dieses Tor! Herr Gorbatschow, reißen Sie diese Mauer nieder! (...)

Als ich gerade aus dem Reichstag blickte – dieser Verkörperung der deutschen Einheit –, fielen mir diese an die Mauer gesprühten Worte auf, die vielleicht von einem jungen Berliner stammen und eine Antwort auf die deutsche Frage darstellen: »Diese Mauer wird fallen. Glaube wird Wirklichkeit.«

Ja, quer durch Europa wird die Mauer fallen. Denn sie kann dem Glauben nicht standhalten. Sie kann der Wahrheit nicht standhalten. Die Mauer wird der Freiheit nicht standhalten können.

halb Jahre wurde hart verhandelt, bis die Siegermächte des Zweiten Weltkrieges im September 1971 zu einer Einigung fanden. Berlin sollte ab diesem Zeitpunkt nicht mehr Zankapfel der Weltmächte sein, der zu kritischen Konfrontationen wie 1948, 1958 und 1961 führte. Die latente Gefahr eines Krieges um Berlin war mit dem Vier-Mächte-Abkommen (das 1972 in Kraft trat) ein für alle Mal gebannt.

Für West-Berliner bedeutete dieser diplomatische Durchbruch erhebliche Erleichterungen im Alltagsleben. Endlich waren nach sechs Jahren Unterbrechung wieder Besuche in Ost-Berlin möglich. Eine diesmal unbefristete Besuchsregelung wurde zwischen Senat und DDR-Regierung auf Grundlage des Abkommens ausgehandelt. West-Berliner durften nunmehr an insgesamt 30 Tagen im Jahr über einen zuvor beantragten Grenzübergang zu Besuchen in den Ostteil einreisen und sich dort bis jeweils 24 Uhr aufhalten. Die Zahl der West-Besucher in der Hauptstadt der DDR kanalisierte die sozialistische Führung auf kapitalistische Weise mit einem »Mindestumtausch« – richtiger Zwangsumtausch – von D-Mark in DDR-Mark, der über die Jahre ständig stieg. Als im Jahr 1980 der Satz auf 25 DM pro Person erhöht wurde, halbierte sich die Zahl der Besuche von mehr als drei Millionen auf 1,5 Millionen.

In der Zeit nach dem »Vier-Mächte-Abkommen« stellte sich eine gewisse Normalität im Alltag der geteilten Stadt ein, die jedoch nie über den Ausnahmezustand und die Einschränkungen hinwegtäuschte. Die West-Berliner richteten sich in ihrer eigentümlichen Lage gut ein. Die Mauer nahmen sie mit der Zeit nicht mehr wahr, sie wurde Bestandteil des Lebens. Sogar Freundschaften und Liebesbeziehungen entstanden über die Mauer hinweg.

Es gab auch Eigentümlichkeiten entlang der Mauer, zu denen etwa die sogenannten Exklaven zählten – zu West-Berlin gehörende Gebiete, die jedoch außerhalb der Stadt auf DDR-Territorium lagen.

Die 13 Hektar große Exklave Steinstücken südöstlich der Stadt mit 130 Einwohnern war nach dem Mauerbau schlagartig vom »Festland« abgeschnitten. Die einzige Verbindung zu West-Berlin war ein 1,1 Kilometer langer Feldweg, der nun am Stacheldraht endete. Nach dem Mauerbau flogen einen Monat lang Hubschrauber der US-Armee nach Steinstücken, um das Viertel zu versorgen. Später wurden US-Soldaten zum Schutz abgestellt,

Kontroll-Willkür: West-Berliner Autos bei der Einreise nach Ost-Berlin am Grenzübergang Bornholmer Straße, Ostern 1972

die auch Personen auf ihrem Weg zur Stadt begleiteten. Durch das Vier-Mächte-Abkommen erhielt Steinstücken 1972 endlich eine direkte Straßenverbindung zum Westteil. Eine Straße, die natürlich eingemauert war.

Die nordwestlich von Berlin gelegene Exklave Eiskeller konnte jahrelang nur durch einen vergitterten Korridor durch die Grenze erreicht werden. West-Berliner, die dort ihre Grundstücke hatten, mussten an einer Tür zur Grenze klingeln, um Einlass zu bekommen.

Auch entlang der innerstädtischen Mauer spielte sich so manche Posse ab. In Kreuzberg (Berlin-West) eroberte etwa 1986 ein 60-jähriger Türke mit seiner Frau ein Stück Niemandsland, das direkt an die Mauer grenzte. Gemüse pflanzte Osman Kalin im Vormauer-Brachland an. Patrouillen der DDR unterbanden anfangs die Inbesitznahme des volkseigenen Landes, denn rechtlich lag der Kleingarten bereits auf Ost-Berliner Gebiet. Kalin ließ sich jedoch nicht einschüchtern und beackerte weiter seine Scholle. Schließlich ließ das Grenzregime ihn gewähren.

Die Bewacher der Mauer mussten sich auch mit Menschen auseinandersetzen, die vom Westteil aus über die Grenze gelangen wollten. Mauerspringer wurden diese Provokateure gegen den Maueralltag genannt. Zu den berühmtesten »Grenzverletzern« zählte der US-Amerikaner John Runnings. In den Jahren 1986/87 unternahm er mehrere unerlaubte Grenzgänge aus Protest gegen das Bauwerk. Im Sommer 1986 erkletterte er über eine Leiter die Mauer und balancierte 500 Meter auf der Krone entlang. DDR-Beamte nahmen ihn bei einer solchen Aktion fest. Nachdem der Amerikaner in den Westen abgeschoben wurde, startete er wenige Tage später erneut eine Aktion. Diesmal setzte er sich auf die Mauerkrone und traktierte diese mit Hammerschlägen.

Im Jahre 1988 kam es sogar zu einer »Massenflucht« vom Westen in den Osten. Ein politischer Schildbürgerstreich. Aus Protest gegen den geplanten Bau eines Autobahntunnels durch den West-Berliner Tiergarten hatten hunderte Demonstranten das so genannte Lenné-Dreieck besetzt. Das Areal liegt heute neben dem Sony-Center und gehörte zu jener Zeit noch zur DDR. Es lag jedoch jenseits der Mauer, lediglich durch einen Maschendrahtzaun umgeben. Dieses Areal brauchte der Senat für seine Pläne und sollte es durch eine Vereinbarung mit Ost-Berlin zum 1. Juli 1988 in Besitz nehmen. Tagelang musste die West-Berliner Polizei der Besetzung tatenlos zusehen, umstellte jedoch das Gelände. Als dann der Stichtag für den Eigentümerwechsel kam, blieb den Besetzern nur ein Fluchtweg: die Mauer. Diese erkletterten sie auch zu Hunderten. Die Volkspolizei half den Mauerstürmern, nahm die »Asylanten« in freundliches Gewahrsam und ließ sie für die West-Berliner Polizei unerkannt in den Westen einreisen.

Das betongraue Bauwerk hatte im Westen auch einen traurigen Nebeneffekt. Menschen, die sich in West-Berlin das Leben nehmen wollten, nutzten die Standfestigkeit des Betons, um in Kamikaze-Manier mit dem Auto gegen die Barriere zu rasen.

Weltenbummler S-Bahn: Transitzug von Ost nach West über dem Humboldthafen, im Hintergrund der Reichstag

Touristenattraktion Mauer am Potsdamer Platz (1987)

Über alle Hindernisse hinweg verlief die Mauer (Neukölln 1981)

Mauerkunst . . .

Penibel versuchte die DDR ein positives Bild im Ausland abzugeben. Die menschenfeindliche Grenzanlage mitten in Berlin sollte daher ein möglichst »sauberes«, ja fast unschuldiges Aussehen bekommen. Ein aberwitziges Unterfangen angesichts der martialischen Bauweise und tödlichen Funktionalität. Der SED-Führung war dies egal. Die Betonmauer Richtung Westen sollte möglichst neutral wirken. Wie eine Fabrikmauer eben. Nicht sehr chic, aber notwendig.

Also wurde hektoliterweise weiße Farbe auf den Beton aufgetragen. Politische Parolen gegen das sozialistische System oder gegen die Teilung der Stadt, die frech auf den Beton geschrieben worden waren, übertünchten die Grenzsoldaten fleißig. Eine riesige weiße Fläche durchzog das aufmüpfige West-Berlin. Was für eine Provokation für kreative Köpfe, die größte Leinwand der Welt vor der Nase zu haben!

Und so frei wie die Gedanken sind, so frei entfaltete sich auf der Westseite des »antifaschistischen Schutzwalls« die Vielfalt künstlerischen Ideenreichtums. Die kilometerlange Mauer wurde in den 80er Jahren üppigst bemalt oder besprüht. Von bekannten und unbekannten Künstlern, professionell oder spontan. Und das DDR-Grenzregime erfuhr, wie subversiv künstlerische Freiheit sein kann. Plötzlich erfreute sich West-Berlin nämlich an der »bunten Seite« der Mauer, an den wandhohen Gemälden, Graffiti, Fantasiebildern, wanderten West-Berliner freudig das illegale Kunsthappening ab, sorgten die poppigen Flächen dafür, dass die hässliche Grenze optisch etwas aus der Stadt verschwand.

Gegen die anarchistischen Pinseleien war der Obrigkeitsstaat naturgemäß allergisch. Es wurde zurückgepinselt. Überpinselt. Doch den Kampf gegen die schöpferischen Narreteien der Westler verloren die Grenzwächter – vielleicht auch aus Mangel an Farbe.

Die »Mauerkünstler« nutzten den Umstand, dass das betongraue Ungetüm – rechtlich gesehen – meist auf Ost-Gebiet stand. Westliche Ordnungshüter waren daher außerstande, dieser »Grenzverletzung« Einhalt zu gebieten. Wenn sie überhaupt Lust dazu verspürten.

Und so malte etwa Graffiti-Star Thierry Noir seine berühmten flächigen, abstrakten Männchen ungestört auf die Mauer. Vom Potsdamer Platz bis zur Schillingbrücke tobte er sich aus. Auch Kiddy Citny machte sich auf dem Spannbeton unsterblich.

Ausgerechnet als die Mauerkunst nicht mehr Subkultur war, sondern Anerkennung in der Welt gefunden hatte, verschwand die unerschöpfliche Leinwand.

Doch durch den Mauerfall kamen die Künstler zu der unverhofften Ehre, dass ihre Werke gekauft oder ersteigert wurden – wie konventionelle Kunstwerke. Im Juni 1990 etwa wurden in Monte Carlo 75 bunt bemalte Teile der Mauer versteigert mit einem Erlös von rund 1,8 Millionen DM. Werke von Thierry Noir und Kiddy Citny sicherten sich die Cognac-Königin Ljiljiana Hennesy, ebenso wie die Verlegerwitwe Jaguba Rizzoli.

Und so endete das Werk einer starren Macht als bewundertes und beliebtes Sammelobjekt. Verstreut in alle Winde ...

Berlins größte Leinwand wurde von vielen verschiedenen Künstlern verziert. So malten oder sprayten Thierry Noir und Kiddy Citny ihre Motive auf die Mauer (80er Jahre)

Mauerfall . . . Der 9. November 1989 . . .

Das Missverständnis war in der Welt und löste eine Lawine aus. In Windeseile verbreitete sich die Fehlmeldung. Das Gerücht wurde zur Gewissheit. So hatte sich die Führung der SED das neue Reisegesetz der DDR nicht vorgestellt: Menschenmassen, die mitten in der kalten Nacht die Grenzübergänge in Berlin bestürmen, jubeln, feiern, respektlos auf der Mauer tanzen, den »antifaschistischen Schutzwall« zur Farce machen. Westliche Medien, die sensationsgierig die Auskunft des SED-Politbüromitglieds Günter Schabowski interpretieren. Überinterpretieren. Und damit die Erwartung der Menschen in Ost-Berlin und West-Berlin steigern. Ja, selbst die Nachrichtensendung des staatlichen Fernsehens der DDR, die Aktuelle Kamera, verkündete am 9. November kurz nach 19.30 Uhr: »Alle DDR-Bürger dürfen kurzfristig ohne besondere Angaben von Gründen private Reisen ins Ausland unternehmen.«

Ende einer Ära aus Furcht und Unterdrückung: Mauer in Dreilinden vor Mahnmal mit sowjetischem Panzer (1990)

Im November 1989 hatte die DDR-Führung das Heft der Geschichte nicht mehr in der Hand. Während am 13. August 1961 die kommunistische Staatsführung ihr Volk überrumpelte, überraschte in der Nacht zum 10. November das Volk seine Herrscher und deren Handlanger. Langwierige Reiseanträge, komplizierte Behördengänge? Neues Vertrauen in die verwünschte Obrigkeit? Die Bürger der DDR hatten keine Geduld mehr. Längst waren sie es, die die Dynamik der Ereignisse bestimmten. Auf der Straße, auf Demonstrationen, in Forderungen nach Demokratie und Reisefreiheit. Wochenlang hatten sie die SED vor sich hergetrieben, nun stand die Sozialistische Einheitspartei an der Wand, und die Leute hüpften fröhlich drüber. Deutschland erlebte die friedlichste Revolution in seiner Geschichte.

Dass die Spannungen in der DDR unblutig enden würden, war während des Jahres 1989 nicht vorauszusehen. Im Gegenteil: Die alten Kader der SED, allen voran Staatschef Erich Honecker, stellten sich stur. »Den Sozialismus in seinem Lauf halten weder Ochs noch Esel auf«, hatte der alternde Honecker als Parole gegen die wachsenden Erneuerungsrufe ausgegeben. Reformbemühungen wie in Moskau, Warschau und Budapest lehnte Ost-Berlin in arroganter Verkennung der eigenen Lage ab. Und während die »sozialistischen Bruderländer« Ungarn und Polen die ersten Schritte Richtung Mehrparteiensystem und markwirtschaftliche Strukturen unternahmen, sah sich die DDR-Führung 1989 einer neuen, unerwarteten Fluchtwelle gegenüber. Wie vor dem Bau der Mauer sollte das Phänomen »Flucht aus dem Osten« das Schicksal Deutschlands bestimmen. Doch wie konnte es trotz Mauer und perfekter Grenze zu einem Exodus kommen?

Die verschwundene Vasallentreue innerhalb der Warschauer-Pakt-Staaten brach dem kommunistischen Teil Deutschlands das Genick. Denn während an der Berliner Mauer die DDR Gewehr bei Fuß stand, schnitt Ungarn seinen Stacheldraht an der Grenze zu Österreich am 2. Mai 1989 einfach durch. Der Eiserne Vorhang zwischen Ost und West hatte Lücken bekommen. Und plötzlich war die übliche Sommerreise nach Ungarn für DDR-Bürger die Gelegenheit, sich in den Westen abzusetzen. So geschah es auch. Tausendfach.

Am 19. August etwa kam es bei Sopron zur größten Massenflucht von DDR-Bürgern seit dem Mauerbau. Mehr als 600 Menschen überrannten am Rande einer politischen Veranstaltung triumphierend die Grenze nach Österreich. Gleichzeitig wurden die bundesdeutschen Botschaften in Prag und Budapest von verzweifelten DDR-Bürgern besetzt, um eine Ausreise zu erzwingen. Am 11. September brach endgültig der Damm in Ungarn, als die ungarische Regierung – ohne sich mit ihren Partnern abzustimmen – offiziell die Öffnung der Grenze zu Österreich erklärte. Bis Ende September kamen mehr als 25 000 DDR-Bürger über diesen Weg in die Bundesrepublik.

Die Botschaftsbesetzer in Prag und Warschau ließ Ost-Berlin nach Verhandlungen mit Bonn ziehen. »Dampf ablassen«, hieß die Hoffnung der SED. Seien die Ausreisewilligen erst einmal fort, werde wieder Ruhe einkehren im Staat. Die Hoffnung war vergebens. Der öffentliche Druck nahm nun auch im eigenen Land zu. Die DDR-Regie-rung, die sich auf den 40. Jahrestag der Repub-lik vorbereitete, geriet in die Klemme. Die Unzu-

Ein Bild, das um die Welt ging: Menschenmassen auf der Mauer vor dem Brandenburger Tor am 10. November 1989

friedenheit der Bevölkerung über Politik und Wirtschaft des sozialistischen Staates artikulierte sich immer selbstbewusster auf den Straßen. Mitte September begannen in Leipzig die legendären »Montagsdemonstrationen«, auf denen unerschrockene Bürger für gesellschaftliche Veränderungen demonstrierten. Erst Tausende, dann Hunderttausende. Es folgten die Städte Erfurt, Zwickau, Magdeburg und Dresden. Die ganze DDR war in Aufruhr. Spannungen zwischen Moskau und Ost-Berlin bauten sich auf, weil im Kreml befürchtet wurde, die SED werde die wachsenden Widerstände in der DDR gewaltsam unterdrücken. Als in Ost-Berlin am 7. Oktober der 40. Gründungstag der DDR gefeiert wurde, machte der Generalsekretär der KPdSU gegenüber der Presse unmissverständlich seinen Unmut klar: »Wer zu spät kommt, den bestraft das Leben«, erklärte Michael Gorbatschow. Plötzlich war die DDR-Führung isoliert – im eigenem Lager.

Nach der letzten staatlich verordneten Feier ging es dann Schlag auf Schlag. Am 18. Oktober tritt SED-Chef Erich Honecker von allen Partei- und Staatsämtern zurück. Nachfolger wird Egon Krenz. Am 4. November verwandeln fast eine halbe Million Menschen in Ost-Berlin die Staatsbühne der DDR in eine freie Volksbühne. Demokratie, freie Wahlen und Reisefreiheit fordern sie auf dem Alexanderplatz bei der größten Demonstration in der DDR.

Die sozialistische Partei unter Krenz will positive Zeichen setzen und reagiert immer hektischer. Am 7. November tritt die gesamte Regierung der DDR zurück. Am darauffolgenden Tag wird die alte Politgarde in Pension geschickt, das Zentralkomitee der SED wählt sich ein neues Politbüro.

In dieser Atmosphäre aus Nervosität und Machterosion findet am 9. November abends in Ost-Berlin eine internationale Pressekonferenz statt. Ein neues, ungewohnt offenes Ritual vor den aufnahmebereiten Mikrofonen und laufenden Kameras der internationalen Medien. Günter Schabowski, der als Mitglied des Politbüros Auskunft gibt, wirkt müde, überfordert. Und er hat keine Ahnung, was genau auf dem Papier steht, das ihm zuvor Egon Krenz zugesteckt hat.

Um 18.53 Uhr holt er den Zettel hervor und liest ihn flüchtig, stockend, ja fast nuschelnd vor. Die SED-Spitze habe sich entschlossen, eine Regelung zu treffen, die »die ständige Ausreise regelt, also das Verlassen der Republik«. DDR-Bürger sollen auch Privatreisen ohne Vorliegen der bis dahin geforderten Voraussetzungen beantragen können, die Genehmigungen würden kurzfristig erteilt. Unter den Journalisten herrscht Erstaunen und Verwirrung. »Gilt das auch für West-Berlin?«, wird gefragt. Schabowski ist ratlos, wühlt in seinen Papieren: »Also (Pause) – doch, doch.« Dann weiter: »Die ständige Ausreise kann über alle Grenzübergänge der DDR zur BRD bzw. zu Berlin-West erfolgen.« Frage: »Wann tritt das in Kraft?« Wieder ist er überfragt, stutzt. »Das tritt nach meiner Kenntnis ... ist das sofort, unverzüglich.« Was nicht dem Beschluss entspricht; über ein wochenlanges Antragsverfahren für DDR-Pässe, die kaum jemand besaß, wollte die SED-Führung vielmehr die nicht versiegende Fluchtwelle kanalisieren. Der uninformierte Schabowski hatte den Staat um Kopf und Kragen geredet.

Das Missverständnis war in der Welt, und die westdeutschen Medien verbreiten es als sensationelle Meldung. In der »Tagesschau« um 20.00 Uhr sehen auch die Bürger der DDR die Top-Nachricht: »DDR öffnet Grenze!«

Berlin, Grenzübergang Bornholmer Straße. Hunderte Menschen finden sich um 20.30 Uhr an der Ost-Berliner Seite ein, um die »neue Reisefreiheit« zu testen. Einige fordern von den Grenzern Durchlass, andere sind gekommen, um zu sehen, was los ist. Die Grenzposten sind völlig ahnungslos, wissen nicht, was auf sie zukommt. Es gibt keine Befehle, keine Informationen. Rückfragen in den Ministerien bringen ebenso wenig die gewünschte Erklärung. Stattdessen schwillt die Menschenmenge von Minute zu Minute an. Drängt zum Schlagbaum Richtung Freiheit. Fordert nun lautstark die Öffnung der Grenze, Autos stauen sich bereits in der Bornholmer Straße. Auch die Kontrollpunkte Invalidenstraße und Sonnenallee vermelden einen Ansturm der Bevölkerung. Abwarten und Vertrösten der ungeduldigen Leute hat

Erich Honecker *(DDR-Staatsratsvorsitzender), 19. Januar 1989*

Ohne die aktive Mitarbeit der DDR, ohne ihre Kompromissbereitschaft, ihre Vermittlung wäre das Wiener (KSZE Anm. d. Verf.) Treffen nicht zu einem erfolgreichen Abschluss gekommen, erst recht nicht, wenn man in Betracht zieht, dass manche die Menschenrechte im Mund führen, sie aber in ihren Ländern mit Füßen treten. (...)

So ist es zum Beispiel unverständlich, wenn die USA zwar zur Beruhigung vielleicht ihrer Bündnispartner über die Sicherungsanlagen an der Grenze der DDR zu Berlin (West) und zur BRD lamentieren und damit die Wiener Abschlusstagung stören, assistiert von Herrn Genscher und einigen anderen, aber geflissentlich die elektronischen Sperranlagen übersehen, die an der Grenzlinie zwischen den USA und Mexiko aufgebaut sind. (...)

Mit dem Bau des antifaschistischen Schutzwalls im Jahre 1961 wurde die Lage in Europa stabilisiert, der Frieden gerettet. Die heute in einigen Medien der BRD und Westberlins über »Wien und die Mauer« erschienenen Meldungen zeugen nicht nur von Kurzsichtigkeit, sondern enthüllen auch eine ganze Portion Heuchelei, mit der in Bonn und in Berlin (West) Politik gemacht wird. Die Herren von der Springerpresse und jene, die assistieren, scheinen zu vergessen, dass es eine ständige Aufgabe der Regierung eines jeden Staates sein sollte, seine Bürger vor Ausplünderungen zu schützen. (...)

Soviel sei aber jetzt schon gesagt: die Mauer wird ungeachtet des »kraftvollen Auftretens« von Herrn Genscher und Herrn Shultz so lange bleiben, wie die Bedingungen nicht geändert werden, die zu ihrer Errichtung geführt haben. Sie wird in 50 und auch in 100 Jahren noch bestehen bleiben, wenn die dazu vorhandenen Gründe noch nicht beseitigt sind. Das ist schon erforderlich, um unsere Republik vor Räubern zu schützen, ganz zu schweigen vor denen, die gern bereit sind, Stabilität und Frieden in Europa zu stören. Die Sicherung der Grenze ist das souveräne Recht eines jeden Staates, und so auch unserer DDR.

keinen Sinn mehr. Als die Lage immer gespannter wird, verlangt Oberleutnant Jäger, diensthabender Chef des Kontrollpunktes Bornholmer Straße, von der Staatssicherheit Verhaltensregeln. Einige Personen werden daraufhin heimlich ausgebürgert; die Ausreise wird gestattet, der Ausweis nebenbei ungültig gestempelt.

Der Druck lässt jedoch nicht nach. Im Gegenteil. »Tor auf! Tor auf!«, fordert die Menge energisch. Jäger fürchtet einen Sturm der Menge auf die Grenzposten, ängstigt sich um das Leben seiner Untergebenen. Um 22.30 Uhr stellt er die Kontrollen ein. »Wir fluten jetzt!« teilt er seinen Vorgesetzten mit und öffnet eigenmächtig die Schlagbäume.

Der jahrelang ersehnte Moment ist da. Die Mauer fällt. Tausende Menschen strömen über die Brücke nach West-Berlin. Kurze Zeit später öffnen sich auch die Sperren an den Grenzübergängen Sonnenallee und Invalidenstraße und vor Mitternacht auch am Checkpoint Charlie. Die Menschen, die über die weißen Grenzlinien schreiten, sind überwältigt. Weinen, jubeln, rufen immer wieder ungläubig: »Wahnsinn!« Auf der West-Seite werden sie von West-Berlinern empfangen. Die ganze Nacht ist ein Fest, Sekt strömt, Fremde verbrüdern sich. Eine unvergessliche Nacht.

Niemand hält sich mehr an irgendwelche Regeln. Selbst am Brandenburger Tor erklettern gegen 23.30 Uhr mehrere Personen aus West-Berlin die dort niedrige Mauer. Mit Wasserschläuchen versuchen die Grenzsoldaten die Besetzung zu unterbinden. Aber auch sie kapitulieren, beugen sich dem Wunsch der Menschen nach Freiheit. Nun laufen auch Ost-Berliner durch die Grenzsperren zum Tor.

Wieder scheint die Sonne, als Berlin erwacht, und alles ist anders, als bisher. Ahnungslose schalten die Fernseher ein und sehen hunderte ausgelassene Menschen dicht gedrängt auf der Mauer vor dem Brandenburger Tor. Sie feiern den Fall der Grenzen. 28 Jahre nach dem Mauerbau erlebt die Stadt keinen Alptraum. Diesmal geht ein Traum in Erfüllung. Und erneut herrscht Ausnahmezustand. Die ganze Stadt ist im Rauschzustand. Der Strom der Besucher aus der DDR nach West-Berlin lässt keine Sekunde nach, die Halbstadt versinkt im fröhlichen Chaos. Und die Mauer bleibt wochenlang fest in den Händen der euphorisierten Menschen. Polizisten aus Ost und West haben Mühe, die Zerstörung des Betonwalls durch Übermütige zu verhindern, obwohl sie gemeinsam vorgehen. Szenen spielen sich ab, die Tage zuvor undenkbar gewesen waren. Als bereits am 12. November 1989 am Potsdamer Platz der erste offizielle, neue Grenzübergang eröffnet wird, begrüßt ein DDR-Grenzpolizist den Bundespräsidenten Richard von Weizsäcker mit den Worten: »Herr Bundespräsident, ich melde: Keine besonderen Vorkommnisse!«

Am 22. Dezember schließlich wird auch das Brandenburger Tor geöffnet.

Und die Mauer? Während die Politiker beider deutscher Staaten die Wiedervereinigung vorbereiten, flößt das Bauwerk keinen Schrecken mehr ein. Grenzkontrollen werden nur noch »pro forma« durchgeführt. Am 26. Juni 1990 befiehlt der DDR-Minister für Abrüstung und Verteidigung, Rainer Eppelmann, die Einstellung aller Grenzkontrollen an der innerdeutschen Grenze und in Berlin. Im September, zwei Wochen vor der Deutschen Einheit, werden die Grenztruppen aufgelöst und in die Bundeswehr überführt.

Längst sind die ehemaligen Bewacher der Mauer damit beschäftigt, ihren Arbeitsplatz stückweise zu vernichten. In der Bernauer Straße, Ecke Ackerstraße, begann am 13. Juni 1990 der planmäßige Abriss der Grenze unter Leitung des Grenzkommandos Mitte mit Spezialisten der Volksarmee und West-Berliner Firmen. Rund 106 Kilometer Beton werden beseitigt. Am 30. November 1990 ist die innerstädtische Mauer verschwunden (bis auf drei Gedenkstücke). Fast alle Straßenverbindungen sind wiederhergestellt. Die demontierten Betonsegmente, sofern nicht als Kunstobjekt geweiht, werden zerschreddert und als Untergrund für den Straßenbau in Ostdeutschland verwendet.

Kleiner Mauerspecht am Potsdamer Platz mit DDR-Grenzsoldat (1990)

Beschluss des DDR-Ministerrats zur Öffnung der Grenzübergänge, *9. November 1989*

Wie der Regierungssprecher mitteilte, hat der Ministerrat der DDR beschlossen, dass bis zum Inkrafttreten einer entsprechenden gesetzlichen Regelung der Volkskammer folgende Bestimmungen für Privatreisen und ständige Ausreisen aus der DDR ins Ausland mit sofortiger Wirkung in Kraft gesetzt werden:

Privatreisen nach dem Ausland können ohne Vorliegen von Voraussetzungen (...) beantragt werden. Die Genehmi-gungen werden kurzfristig erteilt. Versagungsgründe werden nur in besonderen Ausnahmefällen angewandt.

Die zuständigen Abteilungen Pass- und Meldewesen der Volkspolizei-Kreisämter in der DDR sind angewiesen, Visa zur ständigen Ausreise unverzüglich zu erteilen, ohne dass dafür noch geltende Voraussetzungen für eine ständige Ausreise vorliegen müssen. Die Antragstellung auf ständige Ausreise ist wie bisher auch bei den Abteilungen Innere Angelegenheiten möglich.

Ständige Ausreisen können über alle Grenzübergangsstellen der DDR zur BRD bzw. zu Berlin (West) erfolgen.

Damit entfällt die vorübergehende Erteilung von Genehmigungen in Auslandsvertretungen der DDR bzw. die ständige Ausreise mit dem Personalausweis der DDR über Drittstaaten.

Willy Brandt *(ehemaliger Regierender Bürgermeister), 10. November 1989 vor dem Rathaus Schöneberg*

Liebe Berlinerinnen und Berliner, liebe Landsleute von drüben und hüben, dies ist ein schöner Tag nach einem langen Weg. Doch wir befinden uns erst an einer Zwischenstation. Wir sind noch nicht am Ende des Weges angelangt. Es liegt noch eine Menge vor uns.

Die Zusammengehörigkeit der Berliner und der Deutschen überhaupt manifestiert sich auf eine bewegende, auf eine uns aufwühlende Weise, am bewegendsten dort, wo getrennte Familien endlich wieder ganz unverhofft und tränenvoll zusammenfinden. Mich hat auch das Bild angerührt von dem Polizisten auf unserer Seite, der rübergeht zu seinem Kollegen und sagt: Jetzt haben wir uns so viele Wochen, vielleicht Monate auf Abstand gesehen, ich möchte Ihnen einmal die Hand geben. Das ist die richtige Art, sich dem jetzt Anstehenden zu nähern: einander die Hand reichen, nachtragend nur dort zu sein, wo es unbedingt sein muss. Und, wo immer es geht, Bitterkeit zu überwinden. Das habe ich auch heute Mittag am Brandenburger Tor gespürt. (...)

Es wird jetzt viel davon abhängen, ob wir uns – wir Deutschen, hüben und drüben – der geschichtlichen Situation gewachsen erweisen. Das Zusammenrücken der Deutschen, darum geht es. Das Zusammenrücken der Deutschen verwirklicht sich anders, als es die meisten erwartet haben. Und keiner sollte jetzt so tun, als wüsste er ganz genau, in welcher konkreten Form die Menschen in den beiden Staaten in ein neues Verhältnis zueinander geraten werden. Dass sie in ein anderes Verhältnis zueinander geraten, dass sie in Freiheit zusammenfinden und sich entfalten können, darauf kommt es an.

Und sicher ist, dass nichts im anderen Teil Deutschlands wieder so werden wird, wie es war. Die Winde der Veränderung, die seit einiger Zeit über Europa ziehen, haben an Deutschland nicht vorbeiziehen können. Meine Überzeugung war es immer, dass die betonierte Teilung und dass die Teilung durch Stacheldraht und Todesstreifen gegen den Strom der Geschichte standen. Und ich habe es noch in diesem Sommer erneut zu Papier gebracht: Berlin wird leben und die Mauer wird fallen. Übrigens, liebe Freunde, ein Stück von jenem scheußlichen Bauwerk, ein Stück davon können wir dann von mir aus sogar als Erinnerung an ein geschichtliches Monstrum stehen lassen. (...)

Noch einmal: Nichts wird wieder so wie es einmal war. Dazu gehört, dass auch wir im Westen nicht an mehr oder weniger schönen Parolen von gestern gemessen werden, sondern an dem, was wir heute und morgen zu tun, zu leisten bereit und in der Lage sind, geistig und materiell. Ich hoffe, die Schubladen sind nicht leer, was das Geistige angeht. Ich hoffe auch, die Kassen geben noch was her. Und ich hoffe, die Terminkalender lassen Raum für das, was jetzt sein muss. Die Bereitschaft nicht zum erhobenen Zeigefinger, sondern zur Solidarität, zum Ausgleich, zum neuen Beginn, wird auf die Probe gestellt. Es gilt jetzt, neu zusammenzurücken. Den Kopf klar zu behalten und so gut wie möglich das zu tun, was unseren deutschen Interessen ebenso entspricht wie unserer Pflicht gegenüber Europa.

Zeitzeuge . . . Eckard Löhde

9. November: Eskalation der Ereignisse. Jede Stunde bringt neue Informationen hervor. Nachrichten sind spannend – der Mittelpunkt der Welt liegt plötzlich in Berlin. Kurz vor 19.00 Uhr Pressekonferenz in Ost-Berlin. Fragen, Fragen, Gerüchte: Öffnung der Grenzen? »Ja, gerade eine Nachricht gereicht bekommen.« Wann? »Steht doch hier ...« Der Count-down beginnt. Ich arbeite noch am Schreibtisch. Stündlich, halbstündlich Nachrichten.

Dann tatsächlich: Sie kommen rüber!
Es ist ungefähr 23.00 Uhr. Ich gehe zu meinem Mitbewohner Mark. Wir wollen hin zur Grenze.

Welch ein Moment. Überall auf dem Weg dorthin begrüßen West-Berliner Ost-Berliner. Wir fahren erst einmal Richtung Brandenburger Tor. Stau. Menschen, viele Menschen – aber es geht noch. Links rüber zur Invalidenstraße. Zum Grenzübergang. Überall wild parkende Autos.

Der Grenzübergang existiert so gar nicht mehr. Eine Menschentraube bevölkert das betonierte Nadelöhr zwischen Ost und West. Scheinwerfer. Jubel. Es kommen tatsächlich Menschen von drüben! Kleine bunte Trabis werden mit Sekt begossen. Sie schauen heraus – Gesichter, die gefasst sind oder verborgen hinter Händen, blass und müde, keine Helden und doch plötzlich im gleißenden Scheinwerferlicht, unzählige Male abgelichtet.

Wenige nur lassen ihrer Freude freien Lauf. Sie juchzen und heben die Arme. Alle wollen sie anfassen. Ausgelassen demonstrativ sind eher die Begrüßer als die Begrüßten.

Die Menge auf der Westseite drängt nun auch nach vorn. Schritt für Schritt. Sie schreit: »Die Mauer muss weg!« Wir feuern uns gegenseitig an. Mittlerweile ist die große Betonsperre mit Menschen überfüllt. Die ersten von uns springen von der Panzersperre in Richtung Osten. »Wir wollen rein, wir wollen rein.« Der spaßig gemeinte Ruf gewinnt an Bedeutung. Vier ältere, dickliche Grenzbeamte drängen seltsam unbestimmt die Menschen zurück. In ihren Gesichtern ist Ratlosigkeit geschrieben und etwas Angst. Vier gegen 200 – absurd, nicht über die Grenze zu gehen. Aber auch wir »Westler« sind unsicher, wollen keinen Streit. Dennoch, einige drängen vorsichtig die Grenzer taxierend nach vorn.

Ich wage mich weit in den Osten hinein. Der Vopo weist mich zurück. »Ja, ja gleich«, antworte ich, »nur ein Foto von der gesamten Menge. Sonst bekomme ich sie nicht aufs Bild...!« Meter sind gewonnen, andere rücken nach. Drei Schritte vor, einer zurück. Die Menge bebt allmählich, vor Spannung. Schritt für Schritt, Schritt für Schritt. Ich fühle es ganz deutlich: Beim nächsten Trabi, der die Grenze passiert, können wir loslaufen, müssen wir loslaufen! Mark und ich sind ganz vorne. »Wir wollen rein, wir wollen rein.«

Die Vopos schaffen es nicht mehr, die Menschen alle in Schach zu halten. Sie haben keine Angst mehr, Bollwerke werden zu Ausguckplattformen. Und da kommt er, der nächste Trabi, klein, blau, auf schmalen zerbrechlichen Rädern. Er ahnt nicht, was er auslösen wird.

Der Knoten platzt, wir laufen los. Wir laufen durch die Grenzanlage Richtung Osten. Kaltes Licht, kalte Gitter. Keiner hält uns auf. Wir sind drüben.

»Zum Alex, zum Alex! Wo liegt der denn? Wo geht's lang? Oder besser zum Brandenburger Tor. Geradeaus!«

Wir erreichen Unter den Linden. Beim Warten auf die anderen bemerken wir, dass wir Westler ganz alleine hier sind. Alles ist leer und dunkel. Kein DDR-Bürger zu sehen. Wir finden gar keine Adressaten für unsere Begeisterung.

Wir gehen weiter. Und da ist es: Das Brandenburger Tor.

Die Schritte werden schneller und größer, die Rufe wieder lauter. Wir sind sehr aufgeregt. Es kommt näher und näher. »Die Mauer ist weg, die Mauer ist weg!«

Vor uns liegt das Tor. Groß und eindrucksvoll. In warmes Licht getaucht, der Vollmond versöhnlich darüber. Ruhe. Voll historischer Kraft. Das Tor zur Freiheit. Dieses Bild unter dem tiefstehenden Mond werde ich niemals vergessen. Mit wie vielen Sehnsüchten muss dieser Anblick aus dem Osten verbunden gewesen sein?!

Wir erreichen die erste Absperrung des großen Platzes vor dem Tor. Gehen wir zu weit? Wir sind in Ost-Berlin, in der Hauptstadt der DDR! Vor uns das am strengsten bewachte Tor der Welt. Kein Mensch sonst weit und breit, eine eigenartige Ruhe. Kein einziger Ostler zu sehen, nur wir. Ist denn auch alles wahr, sind die Grenzen wirklich offen? Oder vielleicht schon wieder zu? Mir fällt mein unglaubliches Gefühl der Rechtssicherheit auf. Was soll mir denn groß passieren, denke ich. Ich kenne nicht die Angst vor unkontrollierter Macht. Dennoch zögern wir alle.

Die ersten klettern über die Absperrung. Einige wollen diskutieren und meinen, es reiche nun. Wir vorne hingegen werden immer lauter: »Jetzt kommt, nun los!« Wir erreichen eine zweite Absperrung. Und rüber. Wir schauen uns um. Zum Glück kommen die anderen doch mit.

»Die Mauer ist weg!« Jetzt, losrennen …

Wir springen, laufen, rufen. Das Gefühl ist überwältigend. Über diesen Platz zu laufen, auf das Brandenburger Tor zu. Let's go west!

Plötzlich kommen rund 50 Soldaten aus dem Nichts auf uns zu gerannt. Und formieren sich blitzartig zu einer massiven Menschensperre mit eingehakten Armen. Wir prallen zurück, erschrocken über unsere eigene Courage.

Welch ein Anblick: Westler bunt gewürfelt, johlend mit gehobenen Fäusten, eine stumme Menschensperre von uniformierten und bewaffneten Grenzbeamten, das immer größer gewordene Brandenburger Tor unter dem Mond … und ziemlich kalte Füße plötzlich … Sekunden der Hochspannung. Die anderen drängen von hinten nach. Sie haben die Sperre offensichtlich noch gar nicht bemerkt vor lauter Aufregung. Wir laufen einfach weiter, umlaufen die Soldatenkette zu beiden Seiten – links und rechts. Die Männer bleiben regungslos stehen. Nur noch wenige Meter sind es bis zum Brandenburger Tor. Die Soldaten müssen völlig überrascht von unserem Auftauchen gewesen sein. In der verbotenen Zone. Der Platz vor dem Brandenburger Tor und das Tor selbst waren immer absolutes Tabu. Ein Symbol des »nicht dürfen«, der Überwachung. In der Hand einer Staatsmacht, die den Zugang zum »Tor zum Westen« verhindert. Nie hätten Ost-Berliner es wohl gewagt, diese ersten Absperrungen zu übersteigen und auf das Tor zuzulaufen, diesen Platz zu betreten.

Beim Durchlaufen des Brandenburger Tores bin ich ergriffen, empfinde ich eine Art historischen Moment. Erst jetzt sehe ich die Masse von Menschen, die auf der Mauer zum Westen steht. Uns zujubelt, weil sie denkt, wir sind aus dem Osten. Und ich fühle plötzlich unvorhergesehene Kälte. Ein Wasserstrahl trifft mich. Volkspolizisten machen mit Schläuchen Jagd auf uns Grenzverletzer. Ihre letzte Waffe. Sie spritzen leidenschaftlich, auch auf die Menschen auf der Mauer. Doch irgendwann geben sie auf. Fügen sich der Geschichte und Soldaten nehmen ihre Helme ab. In diesem Moment kommen Leute von der Mauer runter, füllen den abgeriegelten Platz, reden mit den Grenzposten, rauchen zusammen. Eine Volksfeststimmung entsteht.

Mark und ich gehen erneut Unter den Linden zurück zum Alexanderplatz. Es ist eine Spur lebhafter geworden.

Wir begegnen zwei jungen Frauen im Alter von Anfang zwanzig. Heisere Begrüßung unsererseits und die mittlerweile müde, weil so oft in dieser Nacht verkündete Nachricht »die Mauer ist weg!« Die beiden sind völlig fassungslos. »Die Mauer ist weg?«, fragen die jungen Frauen ungläubig. Sie wissen von nichts. Sie waren bis eben in einer Diskothek. Plötzlich bricht es aus einer der Frauen heraus: »Hier. Nimm den Hausschlüssel, grüß Mutter, ich komme nicht mehr. Ich gehe sofort mit. Oma wohnt drüben. Kann man da wirklich rüber – am Brandenburger Tor?« Wir staunen über ihre Reaktion. »Ich weiß gar nicht, in den Westen? Hier, nimm noch meine Zigaretten. Ausweis – brauch ich den? Kann ich wirklich rüber? Gott, bin ich aufgeregt. Ich wollte schon über die Tschechoslowakei weg. Zu Oma kann ich erst mal hin. Tschüß, grüß alle von mir. Ist das alles wahr? Ich kann es nicht glauben. Ich kann es nicht glauben! Und ihr kommt von drüben? Das gibt es nicht.«

Mit Riesenschritten gehen wir wieder zurück. »Na klar, einfach über die Mauer, hopp und du bist drüben.« – »Aber die Soldaten?« – »Die schauen zu.«

Sie ist völlig aufgeregt, aber entschieden. Rüber, rüber, rüber.

Der große Platz vor dem Tor kommt allmählich in Sichtweite. Die junge Frau wird immer ruhiger. Das Gespräch versiegt. Wir übersteigen die erste Absperrung. Sie sagt: »Oh Gott!« Mehr nicht. Mittlerweile sind viele Menschen hier. Wir übersteigen die zweite Absperrung. Sie weint. Die Tränen haben jetzt freien Lauf. Sie stolpert, weint, klammert sich an Mark fest. Wir bringen sie durch das Brandenburger Tor, heben sie vor der Mauer hoch. Viele, viele Hände strecken sich ihr entgegen, fassen ihre Hände, sie schwebt empor. Die Augen weit geöffnet, ohne dass sie etwas wahrzunehmen scheint. Sie blickt sich nicht mehr um. Abstieg auf der anderen Seite. Britische Soldaten nehmen sie auf. Danke, Danke!

Menschen über Menschen. In dem Gedränge verlieren wir uns. Am Brandenburger Tor herrscht nun hemmungslose Volksfestatmosphäre. Mir ist nicht mehr danach. Ich gehe zum Auto in der Invalidenstraße zurück, an der Mauer entlang hinter dem Reichstagsgebäude. Hier sind kaum Leute. Hier ist es ruhig. Hier stehen die Gedenkkreuze mit Blumen geschmückt für die, die früher versucht hatten, die Mauer zu übersteigen. Viele Opfer starben in dem Alter der jungen Frau, die wir in den Westen begleiteten. Wie mussten sie getrieben worden sein, die Flucht auf sich zu nehmen?! Was haben sie bloß gefühlt? Nicht eine einzige Hand streckte sich ihnen auf der Mauer entgegen – nicht eine einzige. Keine tausend Rufe »Komm rüber, ich helfe dir!«, keine glänzenden und lachenden Augen, die sie in den Arm genommen haben.

Arzt, lebt seit 1986 in Berlin (West)

MAUERKARTE

West-Berlin
Erläuterung der Ziffern in der Karte
Numbers on the map
Signification des chiffres qui figurent sur la carte
Explicación de las cifras que se dan en el mapa
1 = Brandenburger Tor
2 = Deutsche Oper Berlin
3 = Funkturm
4 = Freie Universität
5 = Gedächtniskirche und Europa-Center
6 = Kongreßhalle
7 = Kraftwerk Reuter
8 = Luftbrückendenkmal
9 = Olympia-Stadion
10 = Rathaus Schöneberg (John-F.-Kennedy-Platz)
11 = Schiller-Theater
12 = Schloß Bellevue
13 = Schloß Charlottenburg
14 = Siegessäule
15 = Technische Universität
16 = Philharmonie
17 = Deutsche Staatsoper
18 = Humboldt-Universität
19 = Kraftwerk Klingenberg
20 = Marienkirche
21 = Museums-Insel
22 = Neues Rathaus
Laßzins-Wiesen (Spandau)
Papenberger Wiesen (Spandau)
Eiskeller (Spandau)
Große Kuhlake (Spandau)
Spandau
Staaken
Heerstraße
Charlottenburg
Zehlendorf
Tegel
Kladow
Nedlitz
Potsdam
Glienicker Brücke
Steinstücken (Zehlendorf)
Wüste Mark (Zehlendorf)
Nuthewiese (Zehlendorf)
„Dreilinden“
Neubabelsberg
0 5 km
0 3 Statute Miles
Stadtplan stark generalisiert unter besonderer Berücksichtigung der politischen Lage Berlins
Town map strongly generalized, taking into particular consideration the political situation of Berlin
Plan de la ville établi de façon très générale compte tenu spécialement de la situation politique de Berlin
Mapa municipal muy generalizado, que refleja ante todo la situación política de Berlin
= Grenze von Gesamt-Berlin
= Grenze der westlichen Besatzungssektoren bis zu ihrer Aufhebung als Einzelsektoren, zugleich Bezirksgrenze (I = US-Sektor, II = brit. Sektor, III = franz. Sektor, IV = sowjet. Sektor)
= Grenze der übrigen Bezirke
= West-Berliner Kontrollstelle (Heerstraße, Dreilinden, Schifffahrtskontrollstelle Kladow)
= Ostzonaler Kontrollpunkt (Staaken, Neubabelsberg, Schifffahrtskontrollstelle Nedlitz)
= Kontrollstelle nur für westalliierte Militärmissionen und Diplomaten

BERLIN

= Flughafen
= Fernbahn mit Nebenstrecke
= S-Bahn*
= Fernbahn und S-Bahn*
= U-Bahn
= Fern- und S-Bahnhof
= S-Bahn-Umsteigebahnhof bzw. Endbahnhof
= U-Bahn-Umsteigebahnhof bzw. Endbahnhof

*= Die S-Bahn verkehrt nicht mehr zwischen West- und Ostberlin; in Ostberlin beginnt der Verkehr erst ab der ersten Haltestelle des Ostsektors. Die Fernbahn hält in West-Berlin nur am Bahnhof Zoologischer Garten.

Westöstlicher S-Bahnverkehr zusätzlich bis Friedrichstraße, nordsüdlicher zusätzlich von Schönholz bis Anhalter Bahnhof durch den Ostsektor, in dem die S-Bahn jedoch mit Ausnahme von Bahnhof Friedrichstraße und Wollankstraße, nicht hält. Die U-Bahn des Westsektors unterfährt in ihrem Verkehr den Ostsektor zwischen Kochstraße und Reinickendorfer Straße und zwischen Moritzplatz und Voltastraße, hält jedoch mit Ausnahme von Bahnhof Friedrichstraße im Ostsektor nicht. Im Osten verkehrt die U-Bahn nur zwischen Thälmannplatz und Pankow sowie zwischen Alexanderplatz und Friedrichsfelde.

= Airport
= Long-distance railway with branch-line
= Elevated railway (S-Bahn)*
= Long-distance and elevated railways
= Subway*
= Long-distance and elevated railway station
= Elevated transfer and terminal station
= Subway transfer and terminal station

*= Elevated railway traffic between West- and East-Berlin has been suspended; in East Berlin traffic begins at the first station in the East sector. In West Berlin long-distance trains stop only at the Zoo station (Bahnhof Zoologischer Garten).

Additional west-east elevated railway traffic as far as Friedrichstrasse; additional north-south traffic from Schönholz to the Anhalter station through the Soviet sector where trains stop at the stations Friedrichstrasse and Wollankstrasse only. The West Berlin subway passes through East sector between Kochstrasse and Reinickendorfer Strasse, and between Moritzplatz and Voltastrasse, the only stop in East Berlin being at Bahnhof Friedrichstrasse. In East Berlin the subway runs only between Thälmannplatz and Pankow, and between Alexanderplatz and Friedrichsfelde.

= Aéroports
= Grandes lignes et ligne secondaire
= Chemin de fer urbain (S-Bahn)*
= Grandes lignes et chemin de fer urbain
= métro*
= Gares des grandes lignes et du chemin de fer urbain (S-Bahn)
= Gare de correspondance ou terminus du chemin de fer urbain (S-Bahn)
= Station de correspondance ou terminus du métro

*= La circulation du chemin de fer urbain (S-Bahn) est interrompue entre Berlin-Ouest et Berlin-Est; à Berlin-Est le service reprend à partir de la première gare du secteur oriental. La gare dite „Zoologischer Garten" est la seule de Berlin-Ouest ouverte au trafic des grandes lignes.
Le chemin de fer urbain (S-Bahn) circule en outre entre Berlin-Ouest et Berlin-Est jusqu'à la gare de Friedrichstrasse et dans la direction nord-sud de Schönholz jusqu'à la gare de Anhalt, sans arrêt dans sa traversée du secteur oriental, si ce n'est à la gare de la Friedrichstrasse et à la Wollankstrasse. Le métro de Berlin-Ouest traverse le secteur oriental entre la Kochstrasse et la Reinickendorfer Strasse ainsi qu'entre Moritzplatz et la Voltastrasse, sans toutefois s'y arrêter, si ce n'est à la gare de la Friedrichstrasse. Dans le secteur oriental, le métro ne circule qu'entre Thälmannplatz et Pankow et entre Alexanderplatz et Friedrichsfelde.

= Aeropuerto
= Ferrocarril con línea secundaria
= Línea urbana (S-Bahn)*
= Ferrocarril y línea urbana (S-Bahn)
= Metropolitano*
= Estación de los ferrocarriles y de la línea urbana
= Estación de empalme o terminal de la línea urbana
= Estación de empalme o terminal del metropolitano

*= La línea urbana ya no circula entre el Berlín Occidental y el Oriental; en el Berlín Oriental el tráfico empieza partiendo de la primera parada del sector oriental. El ferrocarril no para en el Berlín Occidental más que en la estación "Zoologischer Garten".
La línea urbana (S-Bahn) circula además entre los sectores occidental y oriental hasta la Friedrichstrasse, y en dirección norte-sur desde Schönholz hasta la estación de Anhalt, a través del sector oriental, donde no para, excepto en la estación de Friedrichstrasse y en la Wollankstrasse. El metropolitano del sector occidental atraviesa el sector oriental entre Kochstrasse y Reinickendorfer Strasse, y entre Moritzplatz y Voltastrasse, pero no para en dicho sector más que en la estación de Friedrichstrasse. En el Berlín Oriental el metropolitano circula sólo entre el Thälmannplatz y Pankow, así como entre el Alexanderplatz y Friedrichsfelde.

Von Pankow z.Zt.genehmigte Grenzübergänge seit 23. 8. 1961

1 = Friedrich-, Ecke Zimmerstraße¹)
2 = Prinzenstraße/Heinrich-Heine-Straße²) ³)
3 = Bahnhof Friedrichstraße;
einzige Haltestelle der Fernbahn in Ostberlin, Beginn und Ende der Züge im Fernverkehr mit Westdeutschland und im internationalen Fernverkehr
4 = Bornholmer Straße²)

Grenzübergänge für West-Berliner mit Passierscheinen:

5 = Chausseestraße 6 = Invalidenstraße
7 = Oberbaumbrücke 8 = Sonnenallee
9 = Bahnhof Friedrichstraße

¹) für Angehörige des diplomatischen Corps, der westlichen Besatzungsstreitkräfte und Ausländer
²) für Einwohner der Bundesrepublik
³) für Interzonenwaren

Border crossings authorized at present by Pankow since August 23, 1961

1 = At the corner of Friedrichstrasse and Zimmerstrasse¹)
2 = Prinzenstrasse/Heinrich-Heine-Strasse²) ³)
3 = Bahnhof Friedrichstrasse,
the only station in East Berlin where long-distance trains stop and the only terminal for long-distance West German and international traffic.
4 = Bornholmer Strasse²)

Border crossings for inhabitants of West Berlin with Berlin Passes

5 = Chausseestrasse 6 = Invalidenstr.
7 = Oberbaumbrücke 8 = Sonnenallee
9 = Friedrichstrasse station

¹) for members of the Diplomatic Corps, the Western Occupation Forces and foreigners
²) for inhabitants of the Federal Republic
³) for inter-zonal transactions

Points de contrôle établis depuis le 23.8.1961 où le passage est actuellement autorisé par le régime de Pankow

1 = Angle Friedrichstrasse et Zimmerstrasse¹)
2 = Prinzenstrasse/Heinrich-Heine-Strasse²) ³)
3 = Gare de la Friedrichstrasse;
seule garre de Berlin-Est ouverte au trafic des grandes lignes; tête de ligne et terminus des grandes lignes interzones et du trafic international
4 = Bornholmer Strasse²)

Points de passage pour habitants de Berlin-Ouest munis de laissez-passer

5 = Chausseestraße 6 = Invalidenstrasse
7 = Oberbaumbrücke 8 = Sonnenallee
9 = Gare de la Friedrichstrasse

¹) pour les membres du Corps diplomatique, des troupes d'occupation occidentales et pour les étrangers.
²) pour les habitants de la République Fédérale.
³) pour les marchandises interzones.

Puestos de control donde está autorizado actualmente el paso por las autoridades de Pankow, desde el 23 de agosto de 1961

1 = Friedrichstrasse esquina Zimmerstrasse¹)
2 = Prinzenstrasse/Heinrich-Heine-Strasse²) ³)
3 = Estación Friedrichstrasse,
única parada del ferrocarril en el Berlín Oriental; de aquí salen y aquí terminan las grandes líneas a la Alemania Occidental y las internacionales
4 = Bornholmer Strasse²)

Puestos fronterizos para habitantes del Berlin Occidental con pase

5 = Chausseestrasse 6 = Invalidenstr.
7 = Oberbaumbrücke 8 = Sonnenallee
9 = Estación Friedrichstrasse

¹) para los miembros del cuerpo diplomático, de las Fuerzas de Ocupación Occidentales, y para extranjeros
²) para los habitantes de la República Federal
³) para el comercio de las mercancías Interzonales

Die linke Seite der Mauerbasis bildet den Verlauf der Sektorengrenze

The left hand side of the wall base shows the course of the sector limit

Le côté gauche de la base du mur constitue la ligne de démarcation des secteurs

El lado izquierdo de la base de la muralla marca el límite entre los sectores occidentales y el sector soviético

= Kanal	/ Canal	/ Canal	/ Canal
= Parkanlage	/ Park	/ Parc	/ Parque
= Naturschutzgebiet	/ Nature reserve	/ Sites protégés	/ Lugares de belleza natural
= Wald	/ Forest	/ Bois	/ Bosque
= Friedhof	/ Cemetery	/ Cimetière	/ Cementerio

rea
ation sectors before their abolition
ame time district border (I = US
I = French sector, IV = Soviet
ricts
rstrasse, Dreilinden, Navigation
ken, Neubabelsberg, Navigation
stern Allied military missions and

= Limite de l'ensemble du Grand-Berlin
= Ligne de démarcation des secteurs occidentaux jusqu'à leur suppression en tant que secteurs indépendants, tout à la fois limite de district (I = secteur américain, II = secteur britannique, III = secteur français, IV = secteur soviétique)
= Limite des autres districts
= Poste de contrôle établi par les autorités de Berlin-Ouest (Heerstrasse, Dreilinden, Poste de contrôle de la navigation Kladow)
= Poste de contrôle de la zone orientale (Staaken, Neubabelsberg, Poste de contrôle de la navigation Nedlitz)
= Poste de contrôle uniquement pour les membres des missions militaires alliées et les diplomates

= Límites del conjunto del Gran Berlín
= Línea de demarcación de los sectores occidentales hasta la supresión de los sectores individuales, a la vez que límites de distrito (I = sector norteamericano, II = sector británico, III = sector francés, IV = sector soviético)
= Límites de los demás distritos
= Puesto de control del Berlín Occidental (Heerstrasse, Dreilinden, control de navegación Kladow)
= Punto de control de la zona oriental (Staaken, Neubabelsberg, control de navegación Nedlitz)
= Puesto de control para los miembros de las misiones militares de los Aliados Occidentales y los diplomáticos

CHRONOLOGIE

8. Mai 1945
Nach der bedingungslosen Kapitulation Deutschlands, dem Ende des Zweiten Weltkrieges, übernehmen die Vereinigten Staaten, Großbritannien, Frankreich und die Sowjetunion die Staatsgewalt. Berlin wird in vier Sektoren aufgeteilt und gemeinsam verwaltet.

20. März 1948
Die Sowjetunion beendet die Mitarbeit im Alliierten Kontrollrat und der Alliierten Kommandantur von Berlin.

24. Juni 1948
Die Sowjetunion blockiert alle Land- und Wasserverbindungen zu West-Berlin. Die Westmächte versorgen die bedrohte Stadt über eine Luftbrücke. Am 12. Mai 1949 hebt die UdSSR die Blockade auf.

November 1948
Mit der Bildung eines Ost-Berliner Magistrats ist Berlin politisch gespalten. Es folgt die Neuwahl eines Magistrats in West-Berlin.

24. Mai 1949
Das Grundgesetzes der Bundesrepublik Deutschland (BRD) wird verkündet.

7. Oktober 1949
Die Deutsche Demokratische Republik (DDR) wird gegründet. Berlin-Ost ist die Hauptstadt der DDR.

1950
West-Berlin gibt sich eine demokratische Verfassung. Unterstreicht Bindung an Bundesrepublik Deutschland.

17. Juni 1953
Der Volksaufstand in Ost-Berlin und Städten der DDR gegen die Diktatur der SED wird von sowjetischen Panzern blutig niedergeschlagen.

10. November 1958
Der Staatschef der Sowjetunion, Nikita Chruschtschow, stellt den West-Alliierten ein Ultimatum. Er fordert eine »Freie Stadt West-Berlin« und den Abzug der drei westalliierten Truppen binnen sechs Monaten.

1960
Rund 360 000 Bürger fliehen aus der DDR.

25. Juli 1961
US-Präsident John F. Kennedy formuliert »drei Essentials« der amerikanischen Berlin-Politik: 1. Präsenz der Westmächte im Westteil der Stadt, 2. Freiheit des Zugangs für Vertreter der Alliierten und 3. Freiheit und Lebensfähigkeit für alle West-Berliner.

Juni bis August 1961
Höhepunkt der Fluchtwelle aus der DDR. Im Juni flüchten 19 100 DDR-Bürger über die Sektorengrenze nach West-Berlin, im Juli sind es 30 400, in den zwei ersten Augustwochen 47 400.

12. August 1961
Beschluss des DDR-Ministerrats: »Zur Unterbindung der feindlichen Tätigkeit der revanchistischen und militaristischen Kräfte Westdeutschlands und Westberlins wird eine solche Kontrolle an den Grenzen der DDR einschließlich der Grenze zu den Westsektoren von Groß-Berlin eingeführt, wie sie an den Grenzen jedes souveränen Staates üblich ist.«

13. August 1961
Um 1 Uhr nachts beginnen bewaffnete Einheiten der DDR mit der Absperrung der 155 Kilometer langen Grenze zwischen Ost-Berlin und der DDR nach West-Berlin. Die entsprechenden Beschlüsse des Ministerrats der DDR werden über Funk und Fernsehen veröffentlicht.

15. August 1961
Bau einer mannshohen Mauer entlang der Sektorengrenze beginnt.
Der 19-jährige NVA-Soldat Conrad Schumann springt an der Bernauer Straße über den Stacheldraht.

17. August 1961
In Moskau protestieren die drei Westmächte gegen den Bruch des Vier-Mächte-Status.

19. August 1961
Erstes Todesopfer an den Grenzsperren. Beim Versuch, sich aus seiner Wohnung abzuseilen, stürzt Rudolf Urban aus dem Fenster und stirbt später an seinen Verletzungen.

19. bis 21. August 1961
Der amerikanische Vizepräsident Lyndon B. Johnson besucht Bonn und Berlin. Begleitet wird Johnson von Lucius D. Clay, dem Organisator der Luftbrücke. Beide bekräftigen, die USA werde die Freiheit West-Berlins verteidigen.

22. August 1961
Bundeskanzler Konrad Adenauer besucht West-Berlin.

23. August 1961
Die DDR verbietet Berlinern aus dem Westteil der Stadt das Betreten von Ost-Berlin.

24. August 1961
Erstmals wird ein Flüchtling (Günter Liftin) von der Volkspolizei erschossen.

25. Oktober 1961
Die Berlin-Krise spitzt sich zu. Am Checkpoint Charlie stehen sich amerikanische und sowjetische Panzer gegenüber. Am 28. Oktober ziehen die Panzer beider Armeen ab.

17. August 1962
Peter Fechter wird bei einem Fluchtversuch angeschossen und verblutet am Fuße der Mauer an der Zimmerstraße.

23. bis 26. Juni 1963
Der US-Präsident John F. Kennedy besucht West-Berlin. Bei seiner Rede vor dem Rathaus Schöneberg ruft er aus: »Ich bin ein Berliner.« Die Menschenmenge ist begeistert.

17. Dezember 1963
Die Mauer wird durchlässiger. Die erste Passierscheinregelung gestattet zu Weihnachten und Neujahr erstmals Besuche von West-Berlinern im Ostteil der Stadt.

9. September 1964
Rentner aus der DDR können wieder Verwandte in der Bundesrepublik und West-Berlin besuchen.

31. Januar 1971
Wiederaufnahme des Telefonverkehrs zwischen den Stadthälften.

3. Mai 1971
Erich Honecker wird Nachfolger Walter Ulbrichts und somit neuer DDR-Staatsratsvorsitzender.

3. Juni 1972
Das »Vier-Mächte-Abkommen über Berlin« tritt in Kraft. Reiseverkehr und Lebensbedingungen der West-Berliner verbessern sich erheblich.

8. Juni 1987
Während eines Rockkonzerts am Reichstag kommt es östlich des Brandenburger Tores zwischen jugendlichen Musikfans und der Volkspolizei zu Zusammenstößen. Erstmals rufen DDR-Bürger öffentlich: »Die Mauer muss weg!«

12. Juni 1987
Der amerikanische Präsident Ronald Reagan fordert anlässlich einer Rede zur 750-Jahr-Feier Berlins am Brandenburger Tor: »Mr. Gorbatschow, open this gate. Mr. Gorbatschow tear down this wall.«

19. Januar 1989
DDR-Staatssekretär Erich Honecker erklärt, die Mauer werde noch in 50 oder 100 Jahren stehen.

5. Februar 1989
Chris Gueffroy wird beim Fluchtversuch von Grenzsoldaten erschossen. Er ist das letzte Todesopfer des Schießbefehls an der Mauer.

3. April 1989
Der DDR-Verteidigungsminister setzt den Schießbefehl an der Grenze aus.

7. Mai 1989
Die Fälschung der Kommunalwahlen führt zu öffentlichen Protesten in der DDR.

Juli 1989
Der Strom der Flüchtlinge aus der DDR über Ungarn nach Österreich steigt rapide an. Bis zum 22. August sind es 3500 Flüchtlinge.

10. September 1989
Ohne Abstimmung mit der DDR-Führung gestattet Ungarn 6600 wartenden DDR-Bürgern die Ausreise in die Bundesrepublik Deutschland ohne Visum. Bis Ende September kommen mehr als 25 000 DDR-Bürger über Ungarn in die Bundesrepublik.

30. September 1989
Nach innerdeutschen Verhandlungen dürfen Botschaftsflüchtlinge aus Prag (5500) und Warschau (800) ausreisen.

2. Oktober 1989
Die bisher größte Demonstration für Demokratie in der DDR (rund 20 000 Teilnehmer) wird in Leipzig gewaltsam aufgelöst.

7. Oktober 1989
40-jähriges Bestehen der DDR. Der sowjetische Staatschef Michael Gorbatschow fordert in Berlin die SED-Führung zu Reformen auf.

18. Oktober 1989
SED-Chef Erich Honecker tritt von allen Partei- und Staatsämtern zurück, Nachfolger wird Egon Krenz.

4. November 1989
Mehr als 500 000 Menschen demonstrieren im Zentrum von Ost-Berlin. Sie fordern freie Wahlen, Reisefreiheit und demokratische Reformen.

7. November 1989
Rücktritt der gesamten Regierung der DDR.

8. November 1989
Auch das gesamte Politbüro der SED tritt zurück. Am gleichen Tag wählt das Zentralkomitee der SED ein neues Politbüro. Krenz wird als Generalsekretär bestätigt.

9. November 1989
SED-Politiker Günter Schabowski teilt auf einer Pressekonferenz die neuen Reiseregelungen der DDR mit. Menschenmassen aus dem Osten belagern die Grenzübergänge. Gegen 23 Uhr werden die Übergänge geöffnet, die Mauer fällt.

10. November 1989
Kundgebung vor dem Rathaus Schöneberg mit Bundeskanzler Helmut Kohl, dem Regierenden Bürgermeister Walter Momper und Willy Brandt.

12. November 1989
Am Potsdamer Platz wird die Mauer entfernt. Ein neuer Grenzübergang entsteht.

13. November 1989
Hans Modrow wird von der DDR-Volkskammer zum Regierungschef der DDR gewählt.

28. November 1989
Bundeskanzler Helmut Kohl plädiert in einem 10-Punkte-Plan für die Entwicklung konföderativer Strukturen zwischen den beiden deutschen Staaten mit dem Ziel einer gemeinsamen bundesstaatlichen Ordnung.

22. Dezember 1989
Das Brandenburger Tor wird feierlich als Grenzübergang eröffnet.

24. Dezember 1989
Erstmals können West-Berliner wieder den Ostteil und die DDR ohne Einschränkungen betreten. Visumspflicht und Zwangsumtausch für West-Berliner fallen weg.

27. Dezember 1989
Eine Firma übernimmt den Verkauf von Mauersegmenten.

31. Dezember 1989
Eine halbe Million Menschen feiern in der Silvesternacht am Brandenburger Tor.

12. April 1990
Die erste frei gewählte Regierung der DDR unter Ministerpräsident Lothar de Maizière nimmt ihre Arbeit auf.

5. Mai 1990
Beginn der Zwei-Plus-Vier-Gespräche in Bonn mit den Außenministern der USA, Großbritanniens, Frankreichs und der Sowjetunion, sowie jenen der beiden deutschen Staaten über die außenpolitischen Aspekte einer Wiedervereinigung.

12. Juni 1990
Erste gemeinsame Sitzung des Senats und des Ost-Berliner Magistrats.

30. Juni 1990
Das Grenzregimes der DDR ist beendet.

1. Juli 1990
Die Währungs- und Sozialunion wird durchgeführt.

3. Oktober 1990
Deutschland ist wiedervereinigt.

8. September 1994
Verabschiedung der Alliierten mit großem Zapfenstreich am Brandenburger Tor.

In der Nacht zum 3. Oktober 1990 fand die Feier zur Deutschen Einheit vor dem Reichstag statt.

Checkpoint Charlie

Phantasievolles Fluchtvehikel im Haus am Checkpoint Charlie

Anlaufpunkt für Touristen aus aller Welt ist der ehemalige Grenzübergang Checkpoint Charlie. Ein noch immer magischer Ort in der Friedrichstraße, der neben einem Wachhäuschen der US-Army, einer Originalwarntafel (»You are leaving the American Sector«) vor allem das älteste und wichtigste Mauermuseum der Stadt zu bieten hat. Das »Haus am Checkpoint Charlie« wurde 1963 an diesem Brennpunkt des Ost-West-Konfliktes gegründet, um stetig an das Schicksal der Teilung zu gemahnen – an Verfolgung, Flucht und unmenschliche Ereignisse an der Grenze. Dieses Museum, das geradezu überquillt an Materialien von der und über die Berliner Mauer, ist eine Privatinitiative.

Schwerpunkte der Ausstellung sind Exponate zu gewagten Fluchtunternehmungen und Zeugnisse der Grenzhistorie. Sehr anschaulich wird der Ideenreichtum der DDR-Menschen dokumentiert, der nötig war, um in den freien Westen fliehen zu können. Zu sehen ist etwa der Korb eines selbst gebauten Heißluftballons, mit dem 1979 zwei Familien aus der DDR in die Bundesrepublik flohen, ein Mini-U-Boot, mit dem die Flucht durch die Ostsee gelang, oder zwei Surfbretter, mit deren Hilfe eine junge Frau flüchten konnte. Die Skurrilität mancher Hilfsgeräte täuscht jedoch nicht über die Todesgefahr hinweg, in der sich die Flüchtenden befanden.

Dies beweist nicht zuletzt das Original eines Selbstschussgerätes der DDR, das sich in der Sammlung des Museums befindet. Während an der Berliner Mauer keine tödlichen Vorrichtungen installiert wurden, gab es Minen und sich bei Berührung auslösende Schussanlagen entlang der innerdeutschen Grenze. Die heimtückische Anlage wurde unter Todesgefahr an einem Grenzabschnitt abmontiert.

Der überwiegende Teil des Mauermuseums ist natürlich der Geschichte der Berliner Mauer, speziell der des Checkpoint Charlie, gewidmet. Dokumentiert ist etwa auch die geglückte Flucht unweit des Hauses. So seilte sich vom Dach des heutigen Bundesfinanzministeriums an der Wilhelmstraße eine Familie ab und gelangte auf diese Weise im Schutze der Dunkelheit über den dort schmalen Todesstreifen.

Neben den Exponaten gibt es auch Filmvorführungen zur Mauergeschichte. Die Erklärungen sind durchgängig viersprachig. Außerdem sind künstlerische Objekte zum Thema Teilung und Widerstand zu sehen.

Direkt neben dem »Haus am Checkpoint Charlie« finden Mauer- und Berlin-Interessierte den Shop MES, der ein sehr gutes Sortiment verschiedenster Artikel zum Thema Berlin anzubieten hat (Bücher, Bildbände, Postkarten und vieles mehr). Auch Mauersouvenirs können dort erstanden werden.

Haus am Checkpoint Charlie – Mauermuseum
Täglich 9–22 Uhr
Friedrichstraße 43–45,
U-Bahnhof Kochstraße

Touristenmagnet Checkpoint Charlie: Zum Mauerbau-Gedenken wurde im Jahr 2001 ein Wachhäuschen wieder aufgebaut

Mauergedenkstätte

Offizieller Ort der Erinnerung an die Teilung Berlins ist die »Gedenkstätte Berliner Mauer« an der Bernauer Straße. Mit dem benachbarten Dokumentationszentrum, der Kapelle der Versöhnung und Resten des Betonwalls befindet sich hier ein interessantes Ensemble, das zum Nachdenken anregt.

Das am 13. August 1998 eingeweihte künstlerische Denkmal setzt sich mit dem Thema Abschottung und Abgrenzung auseinander. Ein kurzes Stück Grenzstreifen wurde daher eigens mit Stahlplatten hermetisch eingeschlossen. Und zwar so, wie es nach der Grenzöffnung vorgefunden wurde. Ein kaum sichtbarer Zugang an der Ackerstraße führt zu der ehemaligen Hinterlandmauer. Allein durch die Schlitze der Betonplatten ist ein Blick in das Innere der eingegrenzten Sperranlage möglich. Die von Kohlhoff & Kohlhoff entworfene Gedenkstätte zeigt also nicht eine Originalnachbildung der Grenze, sondern konservierte den Zustand nach dem Mauerfall. Obwohl dieses Denkmal kontrovers diskutiert wurde, vermittelt es doch eindringlich die Atmosphäre einer unüberwindbaren, menschenfeindlichen Barriere. »In Erinnerung an die Teilung der Stadt vom 13. August 1961 bis zum 9. November 1989 und zum Gedenken an die Opfer kommunistischer Gewaltherrschaft«, lautet die Inschrift der Gedenkstätte.

Blick in die Vergangenheit: Die »Gedenkstätte Berliner Mauer«

Ebenso eindringlich erinnert die schlichte Kapelle der Versöhnung an der Bernauer Straße, Ecke Hussitenstraße an ein Kapitel der Mauergeschichte. Am gleichen Ort wurde im Januar 1985 die »Versöhnungskirche« im Auftrag der DDR-Regierung gesprengt. Das neogotische Gotteshaus stand vorher jahrelang unerreichbar im Todesstreifen. Kirchturm und Eingang zeigten einst zur Hussitenstraße. Die meisten Gemeindemitglieder wohnten zudem im Westen. Die Kirche mitten im Todesstreifen, die Jesusfigur fotogen über der Krone der Mauer schwebend, dies waren Symbole, die dem DDR-Regime natürlich immer ein Dorn im Auge waren. Als sich die Versöhnungsgemeinde im Zuge eines Gebietsaustausches von ihrem Haus trennte, wurde es unverzüglich gesprengt. Am 22. Januar 1985 zunächst das Kirchenschiff, am 28. Januar schließlich fiel der Turm. Nach dem Diktum der DDR-Staatssicherheit wurden dadurch »Sicherheit, Ordnung und Sauberkeit an der Staatsgrenze zu Berlin-West« erhöht.

Mit der Kapelle der Versöhnung auf dem Areal des alten Chorraumes wurde ein sakraler Ort im ehemaligen Todesstreifen geschaffen. Ein schlichter Bau aus einer Wandelhalle aus Holz und einem Andachtsraum aus Stampflehm, von den Architekten Rudolf Reitermann und Peter Sassenroth entworfen. Glocken und Altar der gesprengten Kirche kehrten an ihren ursprünglichen Platz zurück. Wobei die Glocken in einem einfachen Läutegerüst außerhalb der Kapelle eingehängt sind.

Die Kapelle der Versöhnung an der Bernauer Straße

Im Dokumentationszentrum Bernauer Straße 111 befinden sich eine Ausstellung mit Originaldokumenten der DDR-Organe und eine Buchhandlung mit Werken zu Mauerbau und Maueralltag.

Dass Erinnern nicht jedermanns Sache ist, zeigt die eigenartige Unterbrechung der Betonmauer neben der Gedenkstätte. Der Pfarrer der Sophien-Gemeinde, ließ dort eigenmächtig einen Teil der denkmalgeschützten Grenzanlage abreißen. Denn das Areal gehört zum Gelände des Friedhofs seiner Gemeinde.

Gedenkstätte und Dokumentationszentrum
Mi bis So 10–17 Uhr, Eintritt frei
U-Bahnhof Bernauer Straße,
S-Bahnhof Nordbahnhof
030/464 10 30

Verkaufsschlager Mauer

Nicht totzukriegen ist das längste Bauwerk Berlins. Längst abgerissen, längst in Stücke zerschlagen, längst recycelt. Immer noch taucht die Mauer an allen Ecken und Enden auf. In Berlin und in der ganzen Welt. Tatsächlich war das gehasste Betonmonstrum nach dem Ende seiner Aufgabe populär und nachgefragt wie nie zuvor. Vom Schlüsselanhänger bis zum Kunstobjekt reicht daher die Palette der Wiederverwertung des berüchtigten Betons.

Als die rund 45 000 Grenzsegmente keinen Schrecken mehr verbreiten konnten, wurden sie zum beliebten Sammelobjekt. Besonders begehrt waren natürlich die noch intakten Einzelsegmente mit Original-Mauerbemalung. Die waren bereits im November 1989 nicht mehr so leicht zu bekommen. Denn der Volkszorn über den »Schutzwall« legte bereits selbst Hand an, die Menschen zerkleinerten die Mauer mit Hammer und Meißel, um als Zeichen des persönlichen Triumphes ein Stück Mauer mit nach Hause zu nehmen. »Mauerspechte« hießen die emsigen Arbeiter, die der Grenze des Arbeiterstaates zu Leibe rückten. Hinter diesen spontanen, anarchistischen Tätigkeiten steckten jedoch bald gezielte kommerzielle Absichten. Stücke der Originalmauer waren sehr gefragt und wurden dementsprechend schnell als Andenken verkauft. Also hämmerten die Souvenirhändler um die Wette.

Auch heute noch kann man Original-Mauerteile kaufen. Als Beiwerk für Postkarten oder Bücher, als Briefbeschwerer, Schlüsselanhänger oder Wanduhr. Dabei handelt es sich um echte Teile des Betons. Nördlich von Berlin werden diese Souvenirs auf einem Lagerplatz hergestellt. Ein gut laufendes Geschäft. Das größte Angebot von Mauerandenken gibt es am Checkpoint Charlie oder an der East-Side-Gallery.

Reichhaltiges Angebot an Mauersouvenirs bei MES am Checkpoint Charlie

Als die DDR-Regierung nach dem Mauerfall merkte, dass die sinnlos gewordene Grenze in Gold verwandelt werden konnte, war die Mauer die erste große kapitalistische Privatisierung des sozialistischen Staates. Eine Firma wurde beauftragt, die noch intakten Betonteile für gute Zwecke zu verkaufen. Oder sie wurden an staatliche oder internationale Institutionen verschenkt.

Und so stehen heute Mauerteile in aller Welt: In Mexiko-Stadt vor deutschen Schulen; in der Cafeteria von Microsoft in Redmond/ Washington; in Israel vor dem Janco-Dada-Museum im Künstlerdorf Ein Hod; im Vatikan (bemalt vom Künstler Yadegar Azizi); in Cambridge (Massachusetts); vor dem Nato-Hauptquartier in Belgien und der Hardthöhe, dem Sitz des Verteidigungsministerium; auf dem Parkplatz der CIA-Zentrale und dem State-Department in Washington D.C.; in Madrid im »Parque de Berlin«. Natürlich findet man Mauerteile in deutschen Städten und in Berlin (etwa im Europa-Center). Besonders angetan war der Zahnarzt Ludwik Wasecki aus Polen von dem weltberühmten Beton. Fast 50 Mauer Segmente erstand er und gruppierte sie nahe Wrotzlaw unter freiem Himmel zu einem Kunstwerk. Die meisten seiner Mauerstücke wurden vom Graffiti-Künstler Thierry Noir bemalt.

Etappen des Sündenfalls: Die Sprengung der Versöhnungskirche an der Bernauer Straße am 28. Januar 1985

Reichstag und Brandenburger Tor

Brandenburger Tor mit Mauer und Wachturm (1986)

Nach dem Fall der Mauer hatten die Berliner nur einen Wunsch: Die Mauer sollte restlos verschwinden. Alte Plätze und Viertel, die als Grenzland missbraucht und eingeebnet worden waren, sollten wieder bebaut werden. Berlin wollte keine hässliche Narbe mehr in seinem Stadtkörper.

Das Parlamentsviertel am Reichstag und der Pariser Platz sind Paradebeispiele für diesen Herzenswunsch der Berliner. Nur eine Markierung aus Steinen im Straßenbelag erinnert an die Teilung. Die Neubauten des Bundestages verbinden bewusst die ehemals getrennten Stadtteile. So stand das Reichstagsgebäude früher mit dem Rücken zur Wand – allein auf weiter Flur. An der Ostseite des deutschen Parlaments zog sich die Grenze entlang, auch die Spree war bereits Grenzgebiet. Heute arbeiten die Parlamentarier in Bürogebäuden, die im ehemaligen Mauerstreifen entstanden sind. Das Alte Palais des Reichstagspräsidenten, heute Sitz der Parlamentarischen Gesellschaft, hat glücklicherweise die Abrisswut in der DDR überstanden. Das Nebengebäude des Reichstags stand nämlich im Grenzland und wurde gern als Horchposten der Stasi benutzt. Der Platz zwischen beiden Häusern, heute Vorfahrt für die Politiker, war einst »Todesstreifen«. Steinplatten aus Granit erinnern an den Mauerverlauf.

An der Südseite des Reichstagsgebäudes, am Tiergarten, stehen weiße Kreuze, die an zahlreiche Todesopfer der Mauer erinnern. Auf der anderen Spreeseite, neben der Bundestags-Bibliothek, erinnert ein Kunstwerk von Ben Wargin an die Teilung: Das »Parlament der Bäume« entstand aus Betonsegmenten der Mauer.

Das Brandenburger Tor war zu Zeiten der Mauer ein einsames Symbol. Weder vom Osten noch vom Westen erreichbar, stand es gut bewacht im Grenzgebiet. Einzig Staatsbesucher der DDR konnten das historische Stadttor besuchen. Während man vom Westen her recht nah an das Wahrzeichen herankam, standen die Sperren im Osten bereits am heutigen Hotel Adlon. Der Pariser Platz war vollständig leer geräumt. Die aktuelle Bebauung entstand nach dem Fall der Mauer.

Das Brandenburger Tor war stets ein Politikum. Nach dem Krieg wurde das kriegszerstörte Tor noch in West-Ost-Kooperation wieder aufgebaut. Preußenadler und »Eisernes Kreuz« im Lorbeerkranz der Siegesgöttin wurden von den DDR-Machthabern entfernt. Die beiden Symbole Preußens wurden nach der Einheit und langer Diskussion wieder angebracht.

S-Bahn Unter den Linden
Dauer: 20 Minuten

Gedenkkreuze für Maueropfer am Reichstag

Vom Potsdamer Platz bis zur Niederkirchnerstraße

Der Potsdamer Platz, das einstige Herz Berlins, weltberühmtes Geschäftsviertel und pulsierender Verkehrsknotenpunkt, wurde am schlimmsten vom Mauerbau getroffen. Er wurde schlicht unter Mauern, Panzersperren und Niemandsland begraben. Und zwar rigoros. Ruinen, die vom Krieg übriggeblieben waren, wurden im Ost-Gebiet abgerissen. Potsdamer Bahnhof, Haus Vaterland, Haus »Columbus« und Kaufhaus Wertheim verschwanden. S-Bahn- und U-Bahnstationen wurden zubetoniert. Im Westen wurden lediglich das Weinhaus Huth und Reste des Grand Hotel Esplanade von der städtebaulichen Flurbereinigung verschont. Eine Weltstadt-City wurde zum Wüstenland, zum militärischen Niemandsland mitten in der Stadt.

Obwohl nichts zu sehen war, steuerte jeder Touristenbus den Flecken ohne Leben an. Besucher schauten fassungslos auf den großflächigen Todesstreifen. Die Bebauung des

Potsdamer Platzes konnten die DDR-Machthaber auslöschen, den Mythos des Ortes jedoch nicht.

Es wundert deshalb nicht, dass am Potsdamer Platz bereits drei Tage nach dem Mauerfall (am 12. November 1989) das erste Stück Mauer von Seiten der DDR offiziell zu Fall gebracht wurde, um einen Grenzübergang anzulegen. Ab dem Moment eroberte das Stadtleben den Platz wieder zurück. Ein Stück Mauer neben dem Büroturm der Deutschen Bahn, direkt neben dem Eingang zum Bahnhof Potsdamer Platz, erinnert an dieses Ereignis. Steinplatten im Boden zeichnen den Mauerverlauf nach. Der Potsdamer Platz, ehemals Nahtstelle zwischen amerikanischem, britischem und sowjetischem Sektor, war am 17. Juni 1953 Ort der Straßenschlachten zwischen aufständischen DDR-Arbeitern und Sowjetpanzern.

Folgt man der Stresemannstraße Richtung Süden, kommt man an fünf Metern bunt bemalter Mauerreste vorbei. Sie gehörten einst zur Hinterlandmauer. Im rückwärtigen Grundstück, etwas versteckt, steht ein denkmalgeschützter Wachturm.

Ein sehr langes Stück Mauer ist in der Niederkirchnerstraße erhalten, in die man von der Stresemannstraße aus einbiegen kann. Es ist reichlich malträtiert von den »Mauerspechten«, die nach dem 9. November 1989 eigenhändig mit Handwerkszeug der Grenze zu Leibe rückten. Diese Mauer war die Grenze zum Westen, dort wo sich heute die Ausstellung »Topographie des Terrors« befindet. Zeugnisse dunkelster Kapitel deutscher Geschichte prallen hier aufeinander. Auf dem Gelände neben der Mauer befand sich die Terrorzentrale des NS-Staates, die Quartiere der Gestapo und der SS.

Das riesige Gebäude auf der anderen Seite der Mauer ist Sitz des Bundesfinanzministeriums und war zu DDR-Zeiten »Haus der Ministerien«, danach bis 1994 Sitz der Treuhandgesellschaft. Gebaut wurde der Bürokomplex jedoch nach der Machtübernahme der Nationalsozialisten zum Zwecke der Kriegsrüstung (Reichsluftfahrtministerium).

Das heutige Abgeordnetenhaus Berlins war einst Preußischer Landtag. Das Gebäude überdauerte die DDR anscheinend (obwohl es im Grenzstreifen stand), weil dort 1918/19 die KPD gegründet worden war.

S- und U-Bahnhof Potsdamer Platz
Dauer: 30 Minuten

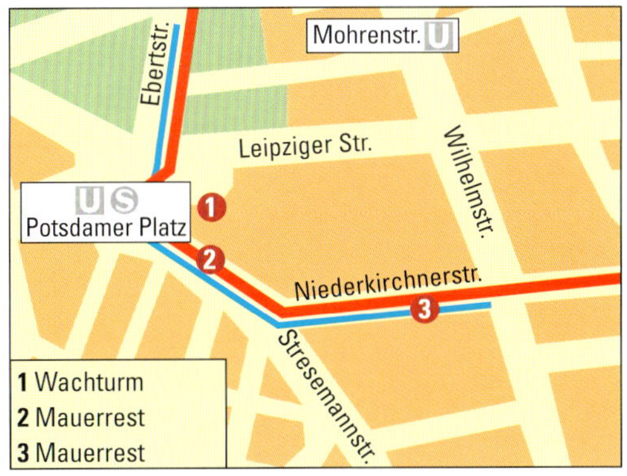

Ausbesserung der Mauer am Potsdamer Platz (1966)

Bestaunte Mauerreste am Martin-Gropius-Bau

Checkpoint Charlie

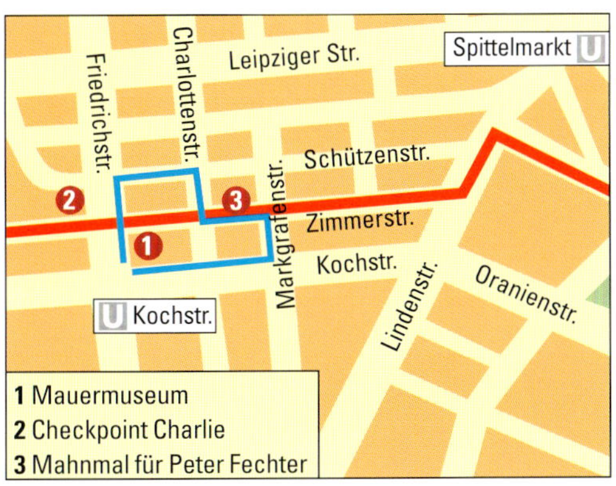

Der Ort gehört zum festen Programmpunkt eines Berlin-Besuches: Checkpoint Charlie. Der ehemalige Grenzübergang zwischen amerikanischem Sektor (Kreuzberg) und sowjetischem Sektor (Mitte) trennte die Friedrichstraße in zwei Abschnitte.

Das zum 40. Jahrestag des Mauerbaus 2001 wieder aufgebaute kleine weiße Wachhäuschen der US-Armee erinnert daran, dass an dieser Straßenkreuzung der Kalte Krieg beinahe entflammt wäre, als sich im Oktober 1961 erstmals amerikanische und sowjetische Panzer unmittelbar gegenüberstanden.

Am Übergang, der nur von Angehörigen der Alliierten und Ausländern benutzt werden durfte, ließ die DDR am 22. Oktober 1961 ihre Muskeln spielen. Die Volkspolizei forderte den US-Gesandten Allan Lightner auf, vor Betreten Ost-Berlins seinen Ausweis zu zeigen. Lightner weigerte sich empört. Nach geltendem Vier-Mächte-Status war dazu nur die sowjetische Armee befugt. Nachdem die DDR-Kontrolleure dieses Spiel die folgenden Tage wiederholten, reagierte US-General Lucius C. Clay mit den Mitteln einer Weltmacht. Mehrere US-Panzer gingen am 25. Oktober um 8.30 Uhr auf der Westseite am Checkpoint Charlie in Stellung. Eine zermürbende Machtprobe begann. Am 26. Oktober zogen im Sowjetsektor mehrere sowjetische Panzer auf. Nun wurde die Situation bedrohlich. Die Konfrontation der beiden Weltmächte konnte in einer bewaffnete Auseinandersetzung eskalieren. Zwischen Washington und Moskau liefen die Telefondrähte heiß.

Rund 48 Stunden später zogen sich die Sowjetpanzer plötzlich zurück. Kurz darauf räumten auch die Amerikaner ihre Stellung. Die DDR-Führung musste klein beigeben: Alliierte Offiziere konnten wieder unkontrolliert nach Ost-Berlin fahren. Die beiden Supermächte wollten keinen Krieg um Ber-

Sowjetische Panzer in der Friedrichstraße am 28. Oktober 1961

lin. Chruschtschow erklärte dazu kurz: »Fuhren die Panzer vorwärts, hieß das Krieg, fuhren sie zurück, hieß das Frieden.«

Geht man die Zimmerstraße, die einst Todesstreifen war, Richtung Osten zwei Blöcke weiter, stößt man auf das Mahnmal für Peter Fechter. Gut ein Jahr nach dem Bau der Mauer, am 17. August 1962, wollte der 18-jährige Maurergeselle mit einem Freund in den Westen fliehen. Beide hatten den Zaun, hinter dem der Kontrollstreifen lag, überklettert, als Grenzsoldaten plötzlich auf sie schossen. Insgesamt fielen 21 Schüsse. Der Freund schaffte es, im Kugelhagel die mannshohe Mauer zu überklettern. Peter Fechter wurde in Bauch und Rücken getroffen und blieb schwer verletzt auf östlicher Seite der Mauer liegen. Niemand kam dem Verblutenden zur Hilfe, weder die DDR-Grenzer noch die am Checkpoint diensthabenden US-Soldaten. Polizisten aus West-Berlin kamen an den hilferufenden Fechter nicht heran. Sie warfen ihm Verbandspäckchen zu. Hunderte von Berlinern erlebten, wie die Schmerzensschreie des Getroffenen immer kraftloser wurden. Nach einer Stunde wurde der leblose Fechter von Grenzpolizisten weggetragen. Die Bronzestatue erinnert an das qualvolle Sterben des Peter Fechter. Nach rund einem Jahr Mauer war er bereits der 31. Tote. Wochen zuvor wurde an der Zimmerstraße der Grenzsoldat Reinhold Huhn (18. Juni 1962) von einem Flüchtling erschossen.

U-Bahnhof Kochstraße oder Stadtmitte
Dauer: 30 Minuten

Checkpoint Charlie heute mit Warnschild von gestern

Bethaniendamm und Engelbecken

Diese Tour führt entlang der Bezirksgrenze von Kreuzberg, dem Stadtteil mit der höchsten Bevölkerungsdichte Berlins. Der Mauerbau hatte für den alten Arbeiterbezirk schwerwiegende Folgen, weil er dadurch in weiten Teilen quasi von drei Seiten eingeschlossen wurde. Der Bezirksteil SO 36 geriet dadurch zur städtischen Sackgasse, was allerdings auch das Aufblühen von Nischenkulturen begünstigte.

An der Waldemarstraße, Ecke Leuschnerdamm verläuft die Grenze zum Bezirk Mitte, die damals der Sektorengrenze entsprach. Sehenswert ist die Grünanlage in der Mitte von Leuschner- und Legiendamm.

Der grüne Mittelstreifen entstand 1926 auf der Trasse des Luisenstädtischen Kanals, der nutzlos geworden war und deshalb zugeschüttet wurde. Bis zur Köpenicker Straße zog sich der schmale Park mit seinem fantasievollen Gartenschmuck. Dann kam der 13. August 1961 und begrub die Erholungsfläche unter Mauer und Panzersperren.

Entlang von Leuschnerdamm und Bethaniendamm grenzte die Mauer unmittelbar an den Bürgersteig. Im Grunde gehörte der Gehweg noch zum Ostsektor. Allein die Häuser standen auf Westgebiet. Die DDR-Regierung ließ jedoch die Sperrwand Richtung Westen, wie sehr oft, einige Meter von der exakten Grenzlinie versetzt auf Ostgebiet bauen. Dadurch entstand ein schmaler Streifen zwischen Mauer und Westsektor, der noch Hoheitsgebiet der DDR war. Genutzt wurde er von den Grenztruppen für Wartungsarbeiten an der Mauer oder Patrouillengänge. Aber auch West-Berliner eroberten dieses Stück Niemandsland, pflanzten dort beispielsweise einen Garten an. Diese Idyllen waren zwar von DDR-Seite verboten, wurden aber oft geduldet.

Entlang des Leuschnerdamms jedenfalls lebten die Menschen durch die Mauer an einer mittelalterlich anmutenden Gasse. Nur der Bürgersteig blieb ihnen von der Straße.

Heute können sie die teilweise rekonstruierte Grünfläche genießen. Vor allem das 22 Meter breite Engelbecken ist sehr beliebt. Hier wurden auf der Ostseite der Anlage nach dem Fall der Mauer etliche Neubauten errichtet.

U-Bahnhof Kottbuser Tor
Dauer: 45 Minuten

Grenzschneise Bethaniendamm an der St. Thomas-Kirche in Kreuzberg (1988)

East-Side-Gallery

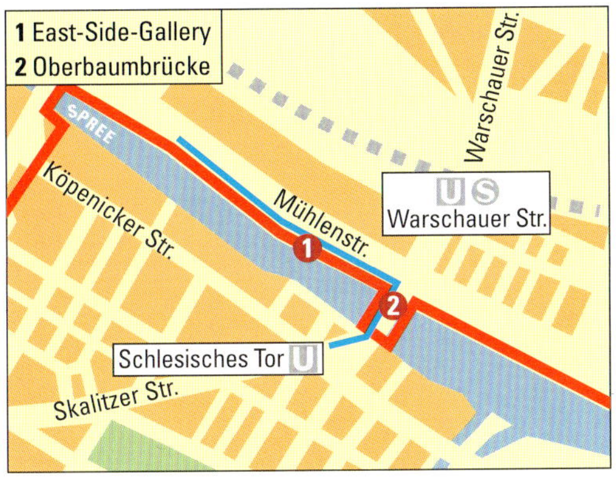

Entlang der Mühlenstraße am Ostbahnhof (Friedrichshain) hatten die Bewohner Ost-Berlins das seltene »Vergnügen«, die Grenzanlagen so zu sehen, wie sie sonst nur der Westen zu Gesicht bekam. Weil hier die Spree die Grenze bildete, baute man die sonst zu den Westsektoren gelegene Betonwand notgedrungen am eigenen Ufer. Nachdem das SED-Regime zusammengebrochen war, machten sich die Ost-Berliner das Vergnügen, die sinnlos gewordene Mauer so zu bemalen, wie es sonst nur im Westen möglich war. Über hundert Künstler verewigten sich an der 1,3 Kilometer langen Wand. Teils politisch, teils poetisch. Teils ironisch, teils idealistisch. Wegen dieser fantasievollen Momentaufnahmen steht die »East-Side-Gallery« heute unter Denkmalschutz. Zum Teil wurden die verwitterten Bilder restauriert.

Geht man vom Ostbahnhof die »East-Side-Gallery« entlang, erreicht man an deren Ende die Oberbaumbrücke. (Hier befindet sich auch ein Souvenirshop, in dem Mauerandenken gekauft werden können.) Das neoromantische Bauwerk ist die längste unter den historischen Spreebrücken Berlins. Die Brücke war einst Grenzübergang. Deshalb wurde die darüber führende U-Bahnstrecke bis zur Warschauer Straße unterbrochen. Sie endete damals am Schlesischen Tor.

Die Spree gehörte in ihrer gesamten Breite zum Ostsektor. Was im Jahre 1975 tödliche Folgen für einen fünfjährigen Jungen hatte, der im Westteil wohnte. Der kleine Cetin aus Kreuzberg fiel beim Spielen am Ufer in die Spree. Nach wenigen Minuten trafen West-Berliner Hilfskräfte ein. Die Taucher durften jedoch nicht ins Wasser, weil sie damit das streng bewachte Grenzgebiet betreten hätten. Machtlos mussten sie zusehen, wie der Junge ertrank. Das DDR-Grenzboot traf viel zu spät am Unglücksort ein und konnte nur die Leiche des türkischen Jungen aus dem Wasser bergen.

Der tragische Tod führte immerhin dazu, dass West- und Ost-Berlin eine Vereinbarung über gegenseitige Hilfeleistungen in Gewässern im Grenzgebiet trafen.

S-Bahnhof Ostbahnhof, U-Bahnhof Schlesisches Tor
Dauer: 45 Minuten

Freiheit der Kunst gegen Bollwerk aus Beton: Die East-Side-Gallery am Mühlendamm

Invalidenstraße

Von Grenzübergang zu Grenzübergang geht diese Mauertour.

Biegt man am ehemaligen Kontrollpunkt Chausseestraße rechts ab, gelangt man in die Boyenstraße, die zum Spandauer Schifffahrtskanal führt. Hier war einst der Todesstreifen. Die Straße endet am Bundeswehrkrankenhaus, vor 1989 Teil des Regierungskrankenhauses der DDR. Weiter geht es: Scharnhorststraße, einbiegen in die Kieler Straße. Kurz vor dem Kanal steht zwischen neu gebauten Wohnhäusern ein Original-Wachturm des ehemaligen Mauerstreifens.

Nach dem Mauerfall wurde der Grenzstreifen in eine attraktive Uferpromenade zwischen Nordhafen-Vorbecken und Sandkrugbrücke verwandelt. Folgt man der Promenade Richtung Süden, erreicht man eine spärliche Grünfläche mit vereinzelten Grabstätten: den Invalidenfriedhof.

Der historisch bedeutsame Friedhof wurde beim Bau der Grenze zur Hälfte rücksichtslos einplaniert. Um »Schuss- und Beobachtungsfeld« zu bekommen, wurden kunstvolle Gräber zerstört und entfernt. Dem SED-Regime fiel diese Kultur- und Grabschändung nicht schwer, liegen hier doch vor allem Offiziere und Generäle der von der DDR-Regierung verhassten preußischen Monarchie. Drei erhaltene Mauerstücke sind auf dem Gelände zu finden, darunter eine 100 Meter lange Hinterlandmauer, die sich quer durch den Friedhof zieht, über Gräber und Ruhestätten hinweg. Die sanierte, alte Friedhofsmauer am Kanal wurde als Barriere zum Westen benutzt.

Die Kanalpromenade führt weiter entlang der Rückfront des Bundesministeriums für

Mauerreste auf dem Invalidenfriedhof

Wirtschaft. Auf der gegenüberliegenden Seite des Kanals steht der Hamburger Bahnhof. Im Mai 1962 kam es hier zu einem Feuergefecht zwischen DDR-Grenzern und West-Berliner Polizisten. Der Schusswechsel entstand, weil die Grenzsoldaten rücksichtslos auf einen 15-jährigen Flüchtling schossen, auch nachdem er bereits das rettende westliche

Erhaltener Wachturm zwischen Neubauten in der Kieler Straße

Ufer erreicht hatte. Die West-Berliner Polizisten erwiderten deshalb das Feuer. Bei dem Schusswechsel wurde der 21-jährige Grenzsoldat Peter Göring tödlich getroffen. Wahrscheinlich durch einen Querschläger der eigenen Truppen.

Die Sandkrugbrücke ist ein Neubau von 1994. Hier war einst der Grenzübergang »Invalidenstraße«. Am 12. Mai 1963 scheiterte an diesem Übergang ein Fluchtversuch mit einem Autobus. Der gewaltsame Durchbruch der Betonsperren misslang, 13 junge Personen in dem Bus wurden beschossen, verletzt und inhaftiert. Entlang der Invalidenstraße sind noch Spuren der Grenze zu finden: zugemauerte Hauseingänge und Gitterstäbe vor Fenstern.

U-Bahnhof Reinickendorfer Straße (Ende: Zinnowitzer Straße), S-Bahnhof Lehrter Stadtbahnhof Dauer: 45 Minuten

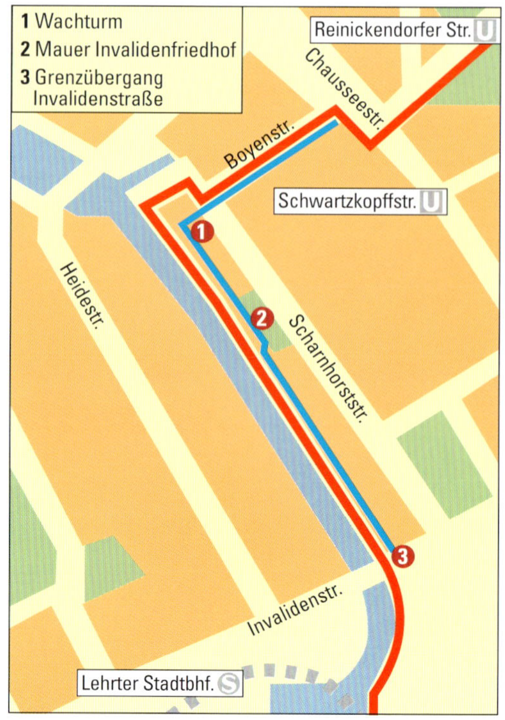

Bernauer Straße

Hauswand vor Grenzmauer in der Bernauer Straße (1979)

Nirgendwo in Berlin wurden die Folgen der Teilung der Weltöffentlichkeit so drastisch vor Augen geführt wie an der Bernauer Straße. Und nirgendwo lässt sich noch heute so plastisch die Absurdität der Spaltung nachempfinden wie in der Bernauer Straße. Nicht zuletzt deshalb hat Berlin hier die »Gedenkstätte Berliner Mauer« auf ehemaligen Grenzland errichtet.

Wer mit der S-Bahn am Nordbahnhof ankommt, sollte sich zunächst klar machen, dass er im ehemaligen Niemandsland aussteigt. Der unterirdische Bahnhof war wie 15 weitere S- und U-Bahnhöfe 28 Jahre lang ein »Geisterbahnhof«. Verschlossen und vermauert, weil die West-Berliner Linien Ost-Berliner Gebiet durchquerten. Beim Ausgang Bernauer Straße tritt man deshalb quasi durch die einstige Mauer. Es dauert nicht lange, dann sieht man tatsächlich einen rund 80 Meter langen Rest der wirklichen Mauer. Verschont vom Abriss des Monstrums, der im Sommer 1990 begann.

Die Bernauer Straße war bis zum 13. August 1961 eine normale Wohnstraße in einem dicht besiedelten Viertel Berlins. Links und rechts der Straße reihte sich eine Mietskaserne an die andere. Davon ist heute nichts mehr zu sehen. Schicksalhaft für die Bernauer Straße war, dass das Straßenland zum West-Bezirk Wedding gehört, die südliche Häuserfront jedoch zum Ost-Bezirk Mitte. Die Nachbarn in der Bernauer Straße wohnten also in verschiedenen Sektoren. Für die Bewohner der Häuser Nummer 1–50 hieß dies nach dem 13. August, dass ihre Fenster zur Bernauer Straße die Grenze der DDR waren. Natürlich wurden bei der Grenzziehung sogleich die Türen verschlossen – die Fenster aber nicht sofort. Also flüchteten Hunderte durch die Fenster. Es kam zu dramatischen Szenen: Verzweifelte Menschen seilten sich ab, sprangen aus den oberen Stockwerken, ließen sich in Sprungtücher

Die Mauergedenkstätte im ehemaligen Todesstreifen (2001)

der West-Berliner Feuerwehr fallen. Einige kamen dabei sogar zu Tode.
Im September mussten die Bewohner der Ost-Berliner Seite ihre Wohnungen verlassen. Die leeren Häuser wurden endgültig zugemauert, schließlich sogar abgerissen. An ihrer Stelle entstand ein breiter Grenzstreifen – die heute noch sichtbare Schneise mitten im Wohngebiet. Um freie Sicht zu bekommen, wurde 1985 sogar eine Kirche gesprengt (vgl. S. 40).

Als die überirdischen Fluchtwege versperrt waren, entstanden in der Bernauer Straße heimlich gegrabene Tunnel. An der Ecke Wolgaster Straße etwa flohen 29 Personen durch den »Tunnel 29« (vgl. S. 21 f). Die größte Tunnelflucht gelang 1964: Vom Keller einer stillgelegten Bäckerei wurde in zwölf Meter Tiefe ein 145 Meter langer Tunnel Richtung Osten gegraben. 57 Flüchtlinge krochen zwischen dem 3. und 5. Oktober 1964 durch die enge Röhre in den Westen. Nach drei Nächten wurde der Tunnel von DDR-Grenzern entdeckt.

Ecke Ackerstraße liegen die Gedenkstätte und das Dokumentationszentrum Berliner Mauer . Viele Erklärungsschilder entlang der Straße beschreiben die Ereignisse an der Mauer. Die Tour endet am Mauerpark .

S-Bahnhof Nordbahnhof, U-Bahnhof Bernauer Straße
Dauer: 45 Minuten

Vom Mauerpark bis zur Bornholmer Straße

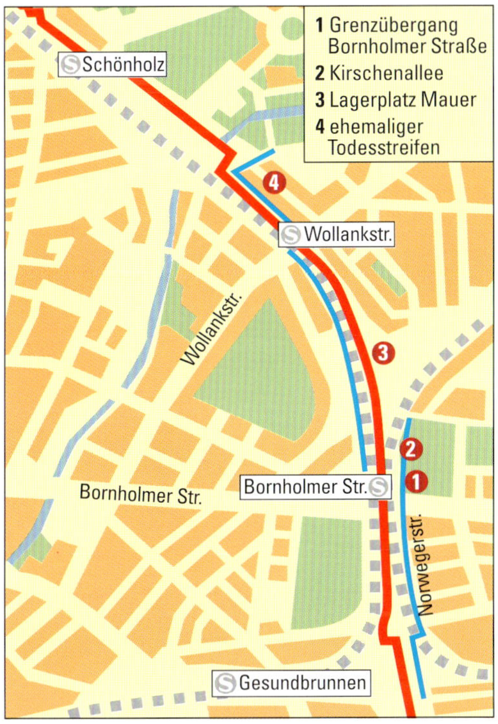

Platz für Graffiti aller Art: Mauerrest im neu gestalteten Mauerpark

Zwischen Prenzlauer Berg und Wedding hatten die Erbauer der Mauer leichtes Spiel. Eine Bahntrasse und das Bahngelände waren bereits eine »natürliche« Barriere für die benachbarten Bezirke. Die zusätzlich entstandene Schneise der Grenze will Berlin nun Stück für Stück zu einem grünen Wanderweg verwandeln. Mit dem Mauerpark, auf dessen Anhöhe sich ein Stück alte Hinterlandmauer befindet, ist bereits ein Anfang gemacht. Die beliebte Grünfläche entstand nach der Wiedervereinigung der Stadt. Über den Schwedter Steg, einen gut 500 Meter langen Fußgängersteg über das Bahngelände, geht es weiter zur Behmstraße. Mit dem Wiederaufbau der Behmstraßenbrücke (1994–2001) konnten die Bezirke Prenzlauer Berg und Wedding 2002 an dieser Stelle endlich wieder verbunden werden – 13 Jahre nach dem Fall der Mauer.

Unterhalb der Behmstraße geht es weiter entlang der Norwegerstraße Richtung Bösebrücke. Die Mauer zum Bahngelände war übrigens auch die Grenzmauer. An der Bösebrücke, dort wo sich heute ein Automarkt breit macht, befand sich der Grenzübergang »Bornholmer Straße«. Ein unscheinbarer Gedenkstein erinnert an die historische Stunde in der Nacht vom 9. zum 10. November 1989. Denn hier begann der Fall der Mauer. Hier gaben erstmals die Grenztruppen dem Druck der Menschen nach und öffneten die Schlagbäume. Am nördlichen Straßenrand steht noch ein Stück der alten Betonmauer der Grenzanlage.

Verlässt man die Bornholmer Straße wieder und geht zur Laubenkolonie hinunter, kann man durch den ehemaligen Todesstreifen spazieren. Heute säumen japanische Kirschbäume den alten Kontrollweg der Grenztruppen. Der Spaziergang endet jedoch vorerst an der Straße Esplanade.

Deshalb lohnt eine kurze Fahrt mit der S-Bahn entlang der ehemaligen Grenze zwischen Bornholmer Straße und Wollankstraße. Die Trasse war einst Grenze, wurde jedoch während der Teilung befahren. Kurz hinter der Bornholmer Straße liegt ein Lagerplatz zwischen zwei Bahntrassen. Dort wurden ab 1990 die abgerissenen Teile der Mauer abgelegt und zerschreddert. Noch heute sind dort Schutt und Reste des Bauwerkes zu sehen. Ein Unikum war der Bahnhof Wollankstraße. Denn er lag auf Ost-Gebiet, wurde jedoch vom Westen her benutzt. Durch den nördlichen Ausgang Schulzestraße gelangt man in den alten Grenzstreifen zwischen Bahndamm und Wohnhäusern. Dort beginnt auch wieder die Kirschbaumallee, die sich bis zum Bürgerpark zieht.

In dem Grünstreifen stehen teilweise noch die alten Grenzlampen (allerdings mit neuen Aufsätzen). Es sind auch zugewachsene Elektrokästen zu finden.

U-Bahnhof Eberswalder Straße oder Bernauer Straße, S-Bahnhof Bornholmer Straße
Dauer: ca. eine Stunde

Ort der historischen Grenzöffnung: Die Bösebrücke am 10. November 1989

Inhalt

Impressum

Originalausgabe
1. Auflage 2002

Umschlaggestaltung: Atelier Kattner, Berlin, unter Verwendung von Fotos von Günter Schneider (Brandenburger Tor von Westen 1986, Brandenburger Tor von Osten 1987, Steinstücken 1990)
Text von Heinz Knobloch, S. 20f., aus: Heinz Knobloch, Stadtmitte umsteigen, Jaron Verlag 2002
Lithografie: alias of artificial and advertising gmbh, Berlin
Satz und Layout: Veronika Giesler, Berlin
Karten: Matthias Frach, Berlin
Historische Karte von 1961: Presse- und Informationsamt des Landes Berlin
Druck und Bindung: Druckhaus Schütze GmbH, Halle
Printed in Germany
ISBN 3-89773-052-9
ISBN 3-89773-060-X (10 Exemplare)

Abbildungsnachweis:
Günter Schneider, Berlin: S. 2, 3u., 4, 17, 20, 23o., 24, 26, 27, 29, 30, 31, 33, 38, 39, 40, 41, 42, 43u., 44o.r., 44u.r., 45, 46, 47l., 48 / Landesarchiv Berlin: S. 7, 14, 15, 16 (außer o.l.), 18, 19, 23u., 25, 28, 32, 43o., 47 r. (Klaus Lehnartz); S. 5u., (Henry Ries); S. 10, 16o.l. (Horst Siegmann); S. 5o., 6, 8, 11, 12, 44o.l. / Christian Bahr: S. 13 / Presse- und Informationsamt des Landes Berlin: S. 3
S. 2: Spandau 1981; S. 2: Bernauer Straße 1981, S. 48: East-Side-Gallery